DAVID BOLTON

Harmonics – Schlüssel zur
astrologischen Aspektdeutung

Standardwerke der Astrologie

DAVID BOLTON

Harmonics –
Schlüssel zur astrologischen Aspektdeutung

Einführung und
praktische Anwendung

*Meinen Astrologie-Freundinnen
Sigrid und Susanne gewidmet*

Deutsche Erstausgabe
1. Auflage 2009
© der deutschen Ausgabe Chiron Verlag, 2009

Das gesamte Werk ist im Rahmen des Urheberrechtsgesetzes geschützt. Jegliche vom Verlag nicht genehmigte Verwertung ist unzulässig. Dies gilt auch für die Verwertung durch Film, Funk, Fernsehen, photomechanische Wiedergabe, Tonträger jeglicher Art, elektronische Medien sowie für auszugsweisen Nachdruck und die Übersetzung

Die Horoskopgrafiken wurden mit der
Software Omnicycles erstellt.

Umschlag: Walter Schneider

Druck: Druck Finidr, Český Těšín

Zu beziehen über den Buchhandel oder direkt beim
Chiron Verlag, Postfach 1250, D-72002 Tübingen
www.chironverlag.com

ISBN 978-3-89997-174-3

Inhalt

Einleitung 7

Was sind denn eigentlich Aspekte? 14
  Orben der Aspekte 36

Grundbedeutungen der Aspektreihen 42
  Harmonic 1 42
  Harmonic 2 46
  Harmonic 3 53
  Harmonic 4 57
  Harmonic 5 59
  Harmonic 6 63
  Harmonic 7 64
  Harmonic 8 68
  Harmonic 9 69
  Harmonic 10 70
  Harmonic 11 71
  Harmonic 12 73
  Andere Harmonics 74

Harmonic-Horoskope 78
  Die Berechnung 83

    Das 4. Harmonic 92
    Das 5. Harmonic 93
    Das 7. Harmonic 93
    Das 9. Harmonic 94

INHALT

Wie deutet man ein Harmonic-Horoskop? 95

4. Harmonic   97

Christine von Schweden   97
Franz Kafka   100
Albert Schweitzer   104
Daniel und Sibylle   107

5. Harmonic   113

Louis XV., König von Frankreich   113
Wolfgang Amadeus Mozart   117
Adolf Hitler   121
Steve   124

7. Harmonic   126

E. T. A. Hoffmann   126
Charles Manson   132
Celeste   136
Martina   139

9. Harmonic   141

Nicolaus Kopernicus   141
Napoleon   144
Rudolf Steiner   148
Sigrid   151

Praktische Ratschläge 155

Harmonic-Synastrie 159

Harmonics in der Prognose 162

Das Aspektbogen-Harmonic 167

Über den Autor 173

Bibliographie 174

Einleitung

Neben Sonne, Mond und Aszendent beschäftigen die sogenannten Aspekte den Schüler der Astrologie wie kaum ein anderer Faktor des Geburtsbildes. «Kein Wunder, dass ich nervös bin. Mein Merkur Quadrat Uranus lässt mir ja keine Ruhe!» oder «Wieder ist mir ein Partner weggelaufen. Diese verflixte Venus Opposition Saturn will mir nie so recht das Glück in der Liebe gönnen!» Welcher Astrologietätige kennt solche Klagen nicht, entweder von Kollegen, Schülern oder – obwohl man es ja nicht so gern zugibt – manchmal von sich selbst, auch wenn nur gedacht, etwa bei der x-ten Untersuchung des eigenen Geburtsbildes?

In der Tat ist die Aspektuntersuchung unentbehrlich für die fachgerechte Deutung des Horoskops. Die Winkelbeziehungen zwischen einzelnen Faktoren (Sonne, Mond, die Planeten, usw.) des Geburtsbildes können dem Astrologen wichtige Hinweise geben, sowohl auf mögliche Probleme wie etwa spannungsreiche Krisen als auch auf Begabungen oder friedlichere Entwicklungsmomente des Klienten. «Gut-schlecht», aber auch die etwas neutraler klingende Formulierung «positiv-negativ» sind heutzutage bekanntlich höchstens unzulängliche Beschreibungen für Trigon und Sextil einerseits, Opposition und Quadrat andererseits. «Angenehm» oder «unangenehm» treffen zwar bezüglich des subjektiven Erlebnismomentes oft zu, sagen uns aber nur im Groben, wie der Aspekt vom Einzelnen empfunden wird, und überhaupt nicht, was ihm unter Umständen vom Leben mittels dieses Winkels abverlangt wird, wie er damit umgehen kann, und vor allem – der Wille zur lebensbejahenden Weiterentwicklung vorausgesetzt – was für Möglichkeiten in sogar den oberflächlich gesehen «schlimmsten» Winkelbeziehungen verborgen liegen können.

Sicherlich macht z.B. ein Quadrat vom Mars zum Saturn das Leben nicht «leichter»: Widerstände scheinen oft vorprogrammiert zu sein. Wird man aktiv, kommt mit entmutigender Regelmäßigkeit gleich die «Bremse». Ob diese nun in der Form eines anderen, von mir als hinderlich empfundenen Menschen, einer frustrierenden Situation oder als eine aus irgendeiner dunklen Ecke meines Selbst emporsteigende Hemmung erscheint, ist zunächst unerheblich. Tatsache ist, dass man in der Regel darunter leidet. Aber wie könnte sich ein solcher Aspekt auf positive Weise ausdrücken? Hat er auch konstruktive Seiten?

Die Musik Johann Sebastian Bachs zeichnet sich durch eine Meisterschaft der Form aus, die man wohl als einmalig bezeichnen kann. Seine frühesten uns bekannten Werke bezeugen jedoch deutlich, dass die erstaunliche Handhabung der formtechnischen Möglichkeiten (etwa bei der Fugenform) bei Weitem keine Fähigkeit war, die dem kleinen Sebastian in die Wiege gelegt wurde. Sicherlich wird hier die biologische Erbschaft eine große Rolle gespielt haben. Johann Sebastian war immerhin Sprössling einer Familie, in der es fast Tradition geworden war, dass man Musiker wurde. Auch die frühzeitig begonnene musikalische Erziehung wird ihm äußerst günstige Voraussetzungen für den späteren Erfolg gegeben haben. Doch aus astrologischer Sicht darf man fragen, ob es diesem, dem überaus größten der Bach'schen Sippe, möglich gewesen wäre, die höchsten kompositorischen Gipfel zu erreichen, hätte er nicht Mars (11° Schütze) im gradgenauen Quadrat zu Saturn (11° Jungfrau) gehabt? Hier wurde der Kampf (Mars-Quadrat) um die Form (Saturn), die geordnete Formung (Saturn in Jungfrau) des nach Höherem strebenden Willens (Mars im Schützen) zugleich zum geistigen und beruflichen Lebensinhalt gemacht, und die Früchte – das Gesamtwerk Bachs – gehören nun dem Kulturschatz der Menschheit an. Es wäre sicherlich naiv, das Genie Bachs mit einem einzigen Aspekt – oder überhaupt rein astrologisch – «erklären» zu wollen, doch die Rolle dieses Mars/Saturn-Winkels in seinem kompositorischen Schaffensprozess ist eindeutig zu erkennen. Das so gern gesehene Trigon liefert uns ein einleuchtendes Beispiel für die mögliche Zweideutigkeit auch dieses Aspektes.

Die Mond-Mars-Trigone in den Horoskopen des legendären Sehers Nostradamus sowie des bedeutenden amerikanischen Astrologen Marc Edmund Jones mögen diesen geholfen haben, ein positives (Trigon) Einsetzen (Mars) ihres Einfühlungsvermögens (Mond) zu ermöglichen, was ihnen sicherlich bei ihrer astrologischen Arbeit behilflich war. Doch könnte derselbe Aspekt bei einem anderen Horoskopeigner unter Umständen auch bewirken, dass er vielleicht allzu schnell (Mars) bereit wäre, sich gefühlsmäßig an andere auszuliefern? Das Mond-Mars-Trigon im Geburtsbild Eva Brauns könnte hierfür als Beispiel dienen. In diesem Falle stehen Mond und Mars auch im Trigon zu einer Merkur-Uranus-Konjunktion; man würde hier normalerweise vermuten, dass intuitiver Verstand (Merkur/Uranus), persönliche Durchsetzung (Mars) und Gefühl (Mond) in glückbringender Verbindung stünden. Ohne Zweifel war die Vorstellung, heimliche Geliebte des Führers zu sein, der Wunschtraum etlicher junger deutscher Frauen der damaligen Zeit. Doch es gab bestimmt auch damals Frauen, die sich unter dem Begriff «Liebesglück» etwas anderes hätten vorstellen können als in wilder Ehe mit einem rücksichtslosen Kriegstreiber zusammenzuleben.

Natürlich muss man bei der Deutung eines Radixhoroskops das Ganze berücksichtigen, wobei ich hiermit nicht nur das gesamte Horoskop, sondern auch alle verfügbaren Informationen über Umwelt, Erziehung und Lebensweise des Betroffenen meine. Ich habe hier Einzelaspekte aus dem Gesamtbild herausgelöst, um Wesentliches zu betonen: Kein Aspekt kann pauschal für «gut» oder «schlecht» erklärt werden. Selbstverwirklichung verlangt Arbeit am Selbst, nicht nur, um Schwieriges zu überwinden, sondern auch, um Begabungen und Fähigkeiten aus der

Latenz zu heben und sinnvoll zu entwickeln. Oppositionen und Quadrate *können* zweifellos Fallen sein: Innere Unruhe und sich widerstrebende Tendenzen lassen einen womöglich in einem Wirrwarr von Aufregungen und kaum zu bewältigenden Krisen versinken.

Aber wäre es ein Segen, nur Trigone zu haben? Hier lauern auch Gefahren, zwar wohl schwieriger zu erkennen, aber in ihrer Wirkung auf die Gesamtentwicklung des Geborenen womöglich noch schrecklicher: Faulheit, Mangel an Schaffenskraft, die Tendenz, alles einfach «geschehen zu lassen» können prägend wirken, wenn es an «Spannung» im Horoskop fehlt. Hat ein Mensch mit solchen Konstellationen nicht den Willen, sein Potential zu verwirklichen, läuft er Gefahr, sein Leben durch ein Übermaß an Passivität zu vergeuden.

Die meisten Leser sind wahrscheinlich schon mit dem Gedanken vertraut, dass die Aspekte nicht als «gut» oder «schlecht» klassifiziert werden sollten. Fast alle als seriös zu bezeichnenden Astrologen der Gegenwart betonen dies. Hinzufügen möchte ich lediglich, dass das verstandesmäßige Anerkennen und Akzeptieren dieser Wahrheit wohl bloß der erste Schritt ist. Bliebe er auf dieser Ebene stehen, spräche unser vom Mars-Saturn-Quadrat befallener Freund etwa so: «Es ist zwar ein schweres Kreuz, das ich tragen muss, immer wieder derselbe Frust, aber gute Seiten wird es auch haben, wie zum Beispiel ...» Mag alles auf der Ebene des Erlebens wahr sein, doch das Verharren in einem Denkmuster von «gut» und «schlecht» ist auch hier nicht zu verkennen.

Nehmen wir beispielsweise Mars Quadrat Neptun: Was *ist* das? Womöglich hat man oft Schwierigkeiten, schon angefangene Tätigkeiten beharrlich durchzuführen. Täuschungen durch männliche Personen? Viel «Action» (wenn auch nicht ohne Probleme: Quadrat) im neptunischen Bereich, also «Jenseitiges», Träume, Musik oder auf niederem Niveau Drogen, Alkohol usw., Kampf gegen Unklarheit bei der persönlichen Durchsetzung? Oder betrachten wir es «psychologisch»: Instinktunsicherheit,

Enttäuschungen in der Triebsphäre? Wie wäre das «spirituell»? Die Handlungssphäre ist widersprüchlich, führt womöglich weg von der spirituellen Richtung. Was *ist* nun Mars Quadrat Neptun? Trifft eine Deutung zu oder gar alle? Mag jede Deutung ihre Berechtigung haben, Tatsache ist, dass Mars Quadrat Neptun nur eins ist: Mars Quadrat Neptun, nicht mehr, nicht weniger. Wollte derjenige, dessen Horoskop diesen Aspekt aufweist, wirklich verstehen, welche ihm innewohnende Kraft dieser repräsentiert, könnte in Wirklichkeit kein Astrologe, auch kein Astrologie-Buch ihm die «Wahrheit» dieses Aspektes vermitteln, weder in all seinen mannigfaltigen Möglichkeiten der Auswirkung, noch – viel wichtiger – in seiner wesentlichen Essenz. Echtes *Verstehen* ist nicht das Produkt bloßen Auswendiglernens der Einzeldeutungen (dies ist lediglich der erste Schritt zum Ziel), sondern wird nur durch ein intuitives In-sich-Aufnehmen der Grundprinzipien erreicht. Wenn man – aufgrund intensiver Studien, Forschungen, Reflexionen, Meditation – die Planeten, Zeichen, Häuser und Aspekte erkannt hat, braucht man kein «Deutungskochbuch» mehr, sondern kann selbst kreativ deuten. Man ist dann in der Lage, das individuelle Geburtsbild in Beziehung zum lebendigen Menschen zu setzen, um dadurch dessen Wesen besser zu verstehen und um (im Falle einer Beratung) ihm zu helfen, sein Leben sinnvoll zu gestalten. Ein solches intuitives Erfassen der astrologischen Deutungsfaktoren kann wohl nur durch jahrelange Auseinandersetzung mit dem Thema entwickelt werden (Hellsichtigkeit nicht vorausgesetzt).

Jeder sein eigener Astrologe, die Astrologie gar als allgemeines Schulfach? Schön wär's! Es wäre allerdings naiv, solche Zustände in unseren Zeiten zu erwarten. Schließlich gibt es auch andere sinnvolle Lebensbeschäftigungen, und nicht einmal jeder Astro-Interessierte will sich jahrelang diesem Fach widmen. Also bleibt bei uns Astrologen die Verantwortung, beispielsweise eine Konjunktion Sonne-Uranus etwas ausführlicher zu deuten. Aber vergessen wir niemals, dass im Grunde genommen «Sonne Konjunktion Uranus» allein alles aussagt, was wirklich *ist*. Und wenn wir einige von deren möglichen Auswirkungen in Worte kleiden, betonen wir auch gleichzeitig, was der Mensch, in seiner spezifischen Situation lebend, tun kann (niemals «soll»!), um die schönsten Möglichkeiten dieses seines Aspektes zu verwirklichen.

Bei schon Verstorbenen (etwa bei der Untersuchung der Geburtsbilder historischer Persönlichkeiten) kann ab und zu recht Eindeutiges ausgesagt werden, denn das Potential des Horoskopes hat sich schon – beim einen mehr, beim anderen weniger – realisiert. Ein eingehendes biographisches Studium verrät uns oft, wie diese Entwicklung ausgesehen hat und wie sie vor sich ging. Aus diesem Grunde habe ich bei der Vorbereitung dieses Buches weit über zweihundert Geburtsbilder bekannter Persönlichkeiten per Computer berechnet und per Hand samt Aspektbildern gezeichnet, um die verschiedenartigen Auswirkungen auch ähnlicher Konstellationen studieren zu können. Einige dieser Beispiele führe ich im vierten Kapitel an. Es erörtert aber auch die Geburtsbilder noch lebender, d.h. sich noch in der Entwicklung befindlicher Menschen. In solchen Fällen gebe ich zuerst einige tatsächliche Lebensgegebenheiten an, damit bei der Deutung die astrologischen Entsprechungen nicht allzu «abstrakt» abgehandelt werden. Bei einer Beratung wäre es natürlich auch wichtig, möglichst viel von der bisherigen Entwicklung des Klienten zu wissen, damit man ihm umso konkretere Vorschläge für sein weiteres Leben machen könnte.

Wer uns bis hierher gefolgt ist, mag glauben, dieses Buch beschäftige sich vor allem mit Trigonen, Quadraten und den anderen sogenannten «Hauptaspekten». Dies trifft bei Weitem nicht zu, denn es ist das Ziel dieses Werkes, dem Lernenden eine Aspekttheorie darzulegen, welche die Anzahl der bei der üblichen Betrachtungsweise vorhandenen Deutungsmöglichkeiten geradezu vervielfältigt. Mein Versuch ist jedoch nichts Neues. Hans-Jörg Walter hat schon 1981 in seinem hervorragenden Buch «Entschlüsselte Aspektfiguren» den deutschen Astrologen den Weg zur Harmonic-Astrologie gezeigt; bedeutende amerikanische bzw. englische Astrologen wie Dane Rudhyar, Robert Hand, Michael R. Meyer, Bil Tierney, David Hamblin und vor allem John Addey haben mit ihren Forschungen und Büchern dazu beigetragen, eine theoretisch fundierte, aber auch praktisch verwendbare Aspekttheorie zu entwickeln. Wenn hierbei die Betonung bei einigen Autoren etwas mehr aufs Theoretische als aufs Praktische gelegt wurde, ist dies allzu verständlich, denn es wird wohl viele Jahre dauern, bis die astrologische Forschung uns die tieferliegenden Bedeutungen etwa der kleinen Aspekte enthüllen kann. Doch der Anfang ist gemacht; weiterforschen lautet jetzt die Devise!

Im vorliegenden Werk möchte ich mich weniger auf die Theorie als auf die Praxis konzentrieren. Dem Leser soll vermittelt werden, was Aspekte sind und was sie zur Gesamtdeutung des Geburtsbildes beitragen können. Vor allem soll er die Bekanntschaft mit den sogenannten «kleinen» Aspekten machen, die so oft recht auffallend in der Wirkung sind und ohne die viele Bilder gar nicht richtig erfasst werden können.

Was sind denn eigentlich Aspekte?

Wenn wir das Wort «Aspekt» («Anblick») im astrologischen Sinne beschreiben wollten, könnten wir es folgendermaßen definieren: «Eine Winkelbeziehung, gemessen auf der Ekliptik, zwischen zwei Faktoren im Horoskop, der je nach Größe eine bestimmte astrologische Bedeutung zugeschrieben wird.» Dieses oder Ähnliches würde auch der durchschnittliche Schüler der Astrologie sagen. Er würde ergänzend vielleicht auch die Namen der sogenannten Hauptaspekte samt ihren Winkelgrößen nennen: Konjunktion, 0°; Opposition, 180°; Trigon, 120°; Quadrat, 90°; Sextil, 60°. Wenn er in seinen Studien weiter fortgeschritten ist, erwähnt er auch die «kleinen» Aspekte: Halbquadrat, 45°; Anderthalbquadrat, 135°; Halbsextil, 30°; Quincunx, 150°. Ferner wird er uns den Begriff «Orbis» erklären, d.h., die beim Aspekt zu erlaubende Abweichung von dem genauen Winkel. Da man höchst selten in einem Radix zwei Planeten findet wird, deren Winkelbeziehung zueinander genau 120° ausmacht, wäre die Aspektdeutung in ihren Möglichkeiten extrem beschränkt, würde man nur eine solche Genauigkeit gelten lassen.

Das Erlebnis des Vollmondes veranschaulicht dies am deutlichsten. Sagen wir, es sei Vollmond erst, wenn dieser – von dem Erdbewohner betrachtet – im genauen 180°-Abstand von der Sonne steht? Demnach würde der Augenblick des Vollmondes in der Tat sehr kurz sein. Ist es nicht eher so, dass wir den Mond auch dann als «voll» empfinden (und vielleicht auch erleben!), wenn diese Winkelbeziehung 6°, 7° oder sogar 10° – 12° von der

Genauigkeit abweicht? (Das ist z.B. der Fall am Abend vor oder nach dem «exakten» Vollmond). Hier bietet sich für die Zulässigkeit eines Orbis für die Aspektdeutung ein leicht nachvollziehbarer Präzedenzfall.

Typische Orbisangaben, würde unser astrologisch geschulter Freund weiter erzählen, seien: für Konjunktion und Opposition etwa 6° bis 8°; für Trigon und Quadrat 4° bis 5°; dem Sextil stehen 3° bis 4° zu, während die «kleinen» Aspekte nur einen Orbis von ungefähr 1° oder 2° bekommen. Daher stünden beispielsweise zwei Planeten, deren gradmäßige Entfernung voneinander 87° beträgt, im Quadrat zueinander; eine Distanz von 172° bis 188° wäre eine Opposition, und so weiter. Fragen wir den Schüler, nach welchen Gesichtspunkten er seine Orbiswerte festlegt, kommt er vielleicht in Schwierigkeiten; es scheint hier, erläutert er, keine allgemeine Übereinstimmung diesbezüglich zu geben, er halte sich auf jeden Fall an die Vorschläge des bekannten Astrologen «X». Dies ist an sich völlig in Ordnung, auch wenn es wünschenswerter wäre, der Lernende würde nicht fraglos und ganz ohne weiteres Nachdenken die Meinungen anderer akzeptieren. Doch ob man einen Orbis von 3°, 4° oder was auch immer für einen Aspekt zulässt, ist nicht das Wesentliche. Sehr wichtig ist aber, dass man bei der Orbisfrage stets konsequent ist. Hier sollten wir uns fragen, wozu die von den meisten Astrologen farbig gezeichneten Aspektbilder wirklich dienen.

Zeichnen wir die Linien nur, um zu sehen, wo Herr «X» seine Quadrate und Trigone hat? Das ist natürlich *ein* Grund, aber es gibt noch einen: *Die gezeichnete Aspektfigur ermöglicht es uns, die in den Jahren unserer astrologischen Tätigkeit angefertigten Horoskope miteinander zu vergleichen, um dadurch noch mehr über unser Fach zu lernen.* Jeder, der eine eigene, umfangreiche Horoskopsammlung besitzt, wird dies bestätigen können.

Wenn wir aber nicht durchweg dieselben Orbisbestimmungen anwenden, ist die Basis für einen objektiven Vergleich vieler Geburtsbilder nicht gegeben. Das müsste für jeden eine Selbstverständlichkeit sein, ist es aber bei Weitem nicht. Erklärungen wie die folgende sind gar nicht so selten: «Normalerweise würde ich ja nur einen 4°-Orbis bei einem Trigon zulassen, da aber in diesem Horoskop die Sonne, die besonders stark am Aszendenten steht, im Trigon zu Mars in seinem eigenen Zeichen ist, lasse ich ausnahmsweise einen Orbis von 5°30' gelten.» Für die Deutung eines einzigen Bildes wäre diese Ansicht ganz akzeptabel, nur leider wird man diese Aspektzeichnung mit anderen, bei denen man nicht so großzügig mit dem Orbis umgegangen ist, nur schwerlich vergleichen können, und immerhin bietet der Vergleich eine der fruchtbarsten Möglichkeiten für die Fortbildung. In diesem spezifischen Fall erscheint es mir sinnvoller, das weite Trigon nicht zu zeichnen, obwohl man es bei der Deutung natürlich berücksichtigen könnte; bei der Analyse eines einzigen Horoskops würde man die Positionen von Sonne und Mars sowieso leicht erkennen können. Dafür könnte man aber das farbige Aspektmuster mit allen anderen Horoskopen seiner Sammlung guten Gewissens vergleichen. Tut man das bei jedem neu erstellten Bild, so stellt man im Lauf der Zeit fest, dass das Auge immer leichter das Wesentliche findet. Je mehr Horoskope man zeichnet oder ausdruckt, umso besser kann man jedes einzelne verstehen. Ohne die Möglichkeit eines Vergleichs lassen Fortschritte beim Lernen länger auf sich warten. Und wer möchte nicht gern sein Lerntempo beschleunigen?

Es versteht sich von selbst, dass ein Astrologe, der einen Orbis von 5° beim Trigon zulässt, genauso kompetent deuten kann wie einer, der einen Orbis von 3° bevorzugt. Nur muss es beiden bewusst sein, dass die schönen blauen Linien in den Horoskopen des Letzteren im Durchschnitt engere und daher höchstwahrscheinlich stärkere Trigone darstellen; auch, dass im Schnitt in den Zeichnungen desjenigen, der einen Orbis von 5° zulässt, mehr Trigone vorkommen. Ich muss gestehen, ich sähe es gern, wenn in diesem Punkt Einigkeit herrschte, denn in diesem Fall wäre der Weg zum Vergleich von Horoskopsammlungen verschiedener Astrologen durchaus weniger holprig.

Aber zurück zu unserem Schüler. Wir wollen jetzt von ihm

WAS SIND DENN EIGENTLICH ASPEKTE?

wissen, warum die Winkel 0°, 180°, 120°, 90° und 60° als besonders bedeutungsvoll gelten. Als Antwort zitiert er uns eine Reihe Fallbeispiele aus seiner Sammlung und erzählt uns, dass andere Astrologen ähnliche Erfahrungen gesammelt haben. Doch damit dürften wir nur halbwegs zufrieden sein, denn wenn diese Aspekte sich auch in der Praxis über viele Jahrhunderte bestätigt haben – eine Tatsache übrigens, woran wohl keiner zweifeln wird, der sich intensiv über längere Zeit mit der Astrologie beschäftigt hat –, bleibt eine Frage peinlicherweise offen: Woher weiß man so genau, dass *nur* diese Winkel bedeutungsträchtig sind? Zwar kann man versuchen, die Wirkungen einiger Hauptaspekte auf regelmäßig beobachtbare astronomische Abläufe zurückzuführen. So bieten uns Neu, Voll- und Halbmond dramatische Bilder von Konjunktion, Opposition und Quadrat. Jedoch ist das beim Trigon und beim Sextil von Sonne und Mond nicht der Fall; diese Winkel könnten also nur schwerlich ihre Mitgliedschaft in der erlauchten Familie der Aspekte durch den Hinweis auf auffallende Phasen in gewissen astronomischen Zyklen rechtfertigen.

Eine andere – und vielleicht die wahrscheinlichste – Erklärung für die Vorherrschaft einer kleinen Gruppe von Aspekten in der heutigen Astrologie liegt in der Analogie zum Häusersystem. Betrachten wir zwölf gleichmäßig große Häuser, so finden wir alle der meistgebrauchten Aspekte. (Alle Aspekte sind von der Konjunktion aus berechnet.)

Dieses Schema ist meines Erachtens deshalb so beliebt geworden, weil der Vergleich eines jeden Aspektes zu dem ihm entsprechenden Haus willkommene Deutungshinweise liefert. So hören wir zuweilen vom «Gesundheitsquincunx» reden, d.h. ein zunehmendes Quincunx (150°) zwischen zwei Planeten, wobei der schnellere im «Sechsten-Haus-Verhältnis» zum langsameren steht. Ohne die mögliche Gültigkeit einer solchen Betrachtungsweise abstreiten zu wollen, scheint es mir nicht ratsam, eine Aspekttheorie allein auf die Häuser zurückzuführen bzw. aufzubauen, und zwar aus folgenden Gründen:

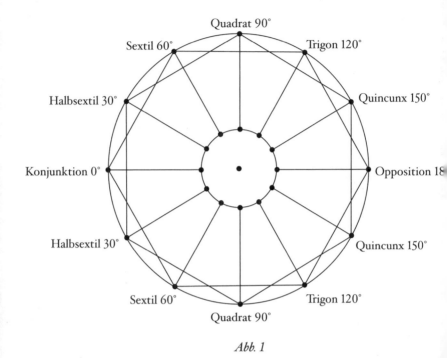

Abb. 1

Unser zwölf Abschnitte enthaltendes Häusersystem ist nicht die einzig mögliche Teilung. Die Achtteilung war zum Beispiel schon im Altertum verbreitet. Michel Gauquelin, der bekannte französische Forscher, benutzte bei etlichen Experimenten ein System mit über 30 Häusern; andere Teilungsmöglichkeiten wären durchaus denkbar und hätten ebenfalls ihre Berechtigung.

Auch wenn man die Zwölfteilung voll und ganz akzeptiert, gibt es heutzutage keine Einigkeit über die Art der Teilung. So sind mehrere Berechnungsmethoden für die «Zwischenhäuser» im Gebrauch, z.B. diejenigen von Koch, Placidus, Regiomontanus, Campanus und eben die schon erwähnten «gleichmäßigen» Häuser (wobei jedes Haus genau 30° enthält), um nur einige der üblichsten zu nennen. Das zuletzt erwähnte, das die schon besprochene Analogie zu den Hauptaspekten liefert, wird von nur wenigen Astro-

WAS SIND DENN EIGENTLICH ASPEKTE?

logen verwendet; bei den anderen Systemen bestehen oft extreme Unregelmäßigkeiten in den Distanzen von einer Hausspitze zur anderen. So ist beim gleichmäßigen System der Aszendent immer 60° (Sextilverhältnis) von Spitze 3 entfernt. Bei den viel häufiger verwendeten Kochhäusern (die auch ich verwende), kann diese Distanz unter Umständen nur 46° ausmachen, hätte also in gewissen Fällen mit einem Sextil überhaupt nichts gemein.

Der zwingendste Grund für die Ablehnung dieser Haus/Aspekt-Analogie liegt meines Erachtens in der Beschränkung, die der Astrologe sich dadurch auferlegt. Er wird verleitet, nur eine kleine Gruppe von Aspekten anzuerkennen und zu verwenden, und vernachlässigt dabei andere Aspekte, die nachweislich oft von größter Bedeutung für das Verständnis eines Geburtsbildes sein können.

Aspekt	Distanz	Teilungszahl d.h. (360/?)	Daraus entstehende «zusammengesetzte» Aspekte
Konjunktion	360° bzw. 0°	1	
Opposition	180°	2	
Trigon	120°	3	
Quadrat	90°	4	
*	72°	5	
Sextil	60°	6	
*	51°25'42.85"	7	
Halbquadrat	45°	8	Anderthalbquadrat (45° x 3)
*	40°	9	
*	36°	10	
*	32°43'38.2"	11	
Halbsextil	30°	12	Quincunx (30° x 5)

WAS SIND DENN EIGENTLICH ASPEKTE?

Ich möchte deshalb die Entstehung der Aspekte anhand einer völlig anderen Grundlegung erklären, nämlich anhand der Teilung des Kreises, und zwar durch die Zahlen 1,2,3,4 und 6. So ist die Konjunktion 360/1 (= 360°, das im Kreis mit 0° identisch ist), die Opposition 360/2 = 180°; Trigon 360/3 = 120°; Quadrat 360/4 = 90°; Sextil 360/6 = 60°. Letzteres kann auch als Halbierung des Trigons (60° ist die Hälfte von 120°) angesehen werden; diese Erklärung ist für diejenigen am bequemsten, die nicht sagen können, warum die Zahl 5 in der Reihe der Teilungszahlen fehlt. Die Opposition wurde schon beim Quadrat halbiert. Dessen Zweiteilung führt zu dem seltener gebrauchten Halbquadrat (45°, 360/8) und zum Anderthalbquadrat, dem ersten bis jetzt erwähnten «zusammengesetzten» Aspekt. Will heißen, dass dieser nicht durch Kreisteilung, sondern durch die Multiplizierung eines schon bestehenden Aspektes ermittelt wird. So entsteht das Anderthalbquadrat (135°), wenn wir ein Halbquadrat mit drei multiplizieren:

45° x 3 ergibt 135°. (Mal zwei ergäbe 90°, doch dieses Vielfache ist schon beim Quadrat vertreten; mal vier ergäbe die Opposition.) Zwei neue, auch bei «Traditionalisten» immer häufiger vorkommende Aspekte entstehen, wenn wir dieselbe Logik beim Sextil anwenden. Halbsextil (30°, Halbierung des Sextils) und das in letzter Zeit so populär gewordene Quincunx (150°) entstehen auf diese Weise der Teilung bzw. Multiplikation. Dass eine Verwandtschaft zwischen Halbsextil und Quincunx besteht, sieht man deutlich, wenn man die mathematischen Schritte zur Ermittlung des letzteren vornimmt: 360/12 ergibt das Halbsextil, 30°; dieses mal 2,3 und 4 ergibt die schon vorhandenen Opposition, Trigon und Quadrat, die außerdem ihre Entstehung nicht durch Teilungzahl 12, sondern durch 2,3 und 4 verdanken. 30° mal 5 ergibt aber eine neue Distanz, diesmal 150°, das Quincunx, das gleich dem Anderthalbquadrat als zusammengesetzter Aspekt gelten muss. Klingt kompliziert? Eine tabellarische Aufstellung (siehe Seite 19) zeigt, dass die Angelegenheit im Grunde sehr einfach ist.

WAS SIND DENN EIGENTLICH ASPEKTE?

Die Sternchen weisen auf die Unvollständigkeit des bisher üblichen Denkmusters hin. Warum also werden die Teilungen durch 5, 7, 9, 10 und 11 nicht berücksichtigt? Gelten die dadurch entstandenen Aspekte weniger als die «üblichen»? Schon Johannes Kepler (1571 – 1630) hat das durch Fünfteilung des Kreises entstandene Quintil befürwortet; trotzdem wurde seither dieser Winkel in der astrologischen Aspektlehre von fast allen Astrologen vernachlässigt, obwohl die Forschungen der wenigen, die sich die Mühe machten, diesen Aspekt zu untersuchen, immer wieder auf die «Wirksamkeit» desselben hinwiesen.

Meiner Meinung nach gibt es zwei Gründe für diese Vernachlässigung. Der erste mag einfach Faulheit sein: Während die Hauptaspekte sich leicht im Horoskop finden lassen (z.B. verbinden Quadrat, Trigon und Sextil Planeten, die zwar in verschiedenen Zeichen, aber mehr oder weniger im selben Grad sind, und sind daher unschwer zu orten), gehört mehr Arbeit dazu, Winkel von 72° aufzuspüren. Dies ist auch der Grund, warum sogar Halb- bzw. Anderthalbquadrate auch öfters übersehen werden. Es ist schwer, Verständnis für diese Haltung aufzubringen: Wer sich wenig Mühe machen will, soll meines Erachtens die Finger ganz von der Astrologie lassen, denn weit wird er es mit einer solchen Einstellung ohnehin nicht bringen. Und vor allem heutzutage, wo man sich seine Aspekttabellen per Computer berechnen lassen kann, wäre eine solche Haltung unentschuldbar. Der zweite Grund ist dagegen durchaus verständlich: Wie soll der Schüler der Astrologie Aspekte wie das Quintil (360/5), Septil (360/7) oder Novil (360/9) – geschweige denn noch «kleinere» Winkel – in seine Arbeit aufnehmen, wenn es in der Fachliteratur so wenig Informationen darüber gibt? Nicht jeder hat Zeit und Lust, jahrelang selbst zu forschen, um die Bedeutungen dieser Aspekte zu ermitteln, und wenn auch sogar bekannte Autoren darüber hinwegsehen, fühlt sich der Schüler in seiner Haltung umso mehr bestätigt. Wer nicht das Glück hat, an ein fundiertes Werk wie beispielsweise Hans-Jörg Walters «Entschlüsselte Aspektfiguren» zu geraten, könnte fast meinen, es gäbe keine Aspekte außer den allgemein üblichen! Wie wir im Laufe der vorliegenden Studie aber sehen werden, können die «anderen» Aspekte nicht nur sehr wirksam sein, sondern sie sind in gewissen Fällen sogar die zuverlässigsten Schlüssel zum Verständnis des Geburtsbildes.

Bevor wir aber nun die Fragezeichen in obiger Tabelle durch Aspektnamen ersetzen und diese ausführlicher besprechen, wollen wir die mathematische Entstehung jeder «Aspektfamilie» untersuchen, um nicht zuletzt denjenigen zu informieren, der erst mit der Lektüre dieses Buchs die Bekanntschaft mit den «ganz kleinen» Aspekten macht. *Es sei erwähnt, dass ich ab jetzt die Aspekte nach der Teilungszahl, durch die sie entstehen, benennen werde.* In der von dem bedeutenden britischen Astrologen John Addey über mehr als zwanzig Jahre entwickelten *Harmonic Astrology* wird diese Zahl als «Harmonic» bezeichnet, eine Benennung, die auch ich in diesem Werk verwenden werde. Ein Quadrat ist demnach beispielsweise ein Aspekt des 4. Harmonics (da er durch die Teilung des Kreises durch 4 entsteht); eine Opposition hat die Harmonic-Zahl 2 usw.

Die Konjunktion entsteht durch die Teilung des Kreises durch 1. 360/1 ergibt natürlich 360°, da es sich hier aber um eine Distanz in einem Kreis handelt, ist ein Winkel von 360° gleich einem von 0°. Zwei Planeten, die sich in exakter Konjunktion befinden, sind am Ende eines Zyklus, gleichzeitig aber am Anfang eines neuen. Anfang und Ende, alles und nichts – hier wird die esoterische Beziehung zwischen der Konjunktion und der gesamten Schöpfung deutlich. Auf den Seiten 25 – 26, wo Zeichnungen der verschiedenen Aspektfiguren abgebildet sind, wird daher die Konjunktion lediglich durch einen Kreis mit einem Punkt in der Mitte dargestellt. Die Zeichnung ist an sich das Sonnensymbol. Die Sonne repräsentiert die Einheit des Solarsystems, die Konjunktion die Gesamtheit aller Aspektqualitäten.

Verschiedenartige Entwicklungsebenen werden von den «Harmonic-Zahlenreihen» ab dem 2. Harmonic symbolisiert. (Wie schon erwähnt, enthält Primzahl 1 alle Möglichkeiten in sich.)

WAS SIND DENN EIGENTLICH ASPEKTE?

Jede Reihe fängt mit einer Primzahl an; die durch Multiplikation (Primzahl mal 2, 3, 4 usw) eventuell entstehenden «kleineren Verwandten» bilden Aspekte, die oft die Qualitäten zweier oder mehrerer Primzahlen zusammenbringen.

Der «Urahn» der zweiten Harmonic-Reihe ist die Opposition, also der Aspekt des 2. Harmonics (360/2 = 180°). Seine nächsten Verwandten ermitteln wir, indem wir die Harmonic-Zahlen aufspüren, die ihre Existenz lediglich der Harmonic-Zahl 2 zu verdanken haben. Das wären folgende Harmonics:

2 x 2 oder 4;
2 x 2 x 2 oder 8;
2 x 2 x 2 x 2 oder 16 usw.,

Anders ausgedrückt, 2 hoch 2, 2 hoch 3, 2 hoch 4 usw. Dadurch entstehen folgende Aspekte:

	Harmonic	360/	= Aspektdistanz
2 hoch 2	4	4	90°
2 hoch 3	8	8	45°
2 hoch 4	16	16	22°30'
2 hoch 5	32	32	11°15'

Man könnte die Liste beliebig weit fortsetzen, wodurch «Mini-Aspekte» entstünden; wegen der bei den Hauptaspekten zugelassenen Orbiswerte würden diese Mini-Aspekte innerhalb der Geltungsbereiche gewisser Hauptaspekte fallen. Wer meint, diese Tatsache führe die ganze Harmonic-Theorie ad absurdum, irrt sich gewaltig, denn im Gegenteil: Einige Forscher meinen, es sei mit Hilfe der Mini-Aspekte möglich, *die spezifische Qualität eines gegebenen Hauptaspektes weiter und präziser zu definieren*. Der Grundaspekt beispielsweise der 64. Harmonic-Reihe weist einen Winkel von etwa 5°37' auf; dies läge im Bereich der Konjunktion, könnte aber darauf hinweisen, dass eine Konjunktion mit diesem Orbis «spannungsvoller» sei als eine, die z.B. einen Orbis von genau 5° hat. Der Wissenschaftler sei hier auf einen enormen, noch fast unbekannten Forschungsbereich hingewiesen. Die Behandlung der «Mini-Aspekte» würde sicherlich den Rahmen dieses Werkes sprengen.

Wir werden uns deshalb bei der praktischen Deutung auf die kleineren Harmonic-Zahlen beschränken (nicht zu verwechseln mit Aspekt*distanzen*: **Je *kleiner* die Harmonic-Zahl, umso *größer* die Aspektdistanz, und daher umso *stärker* die Wirkung.**) Im Allgemeinen werden wir Aspekte mit Harmonic-Zahlen über 25 nur dann erwähnen, wenn es zur Verdeutlichung beim Aufbau einer «verwandten» Gruppe von Aspekten dient.

Wenn wir die Aspekte der 2er-Reihe bis zum 16. Harmonic betrachten wollen, müssen wir auch obige Tabelle ergänzen, und zwar mit einigen «zusammengesetzten» Aspekten. Wie diese entstehen, haben wir schon am Beispiel des Anderthalbquadrats gesehen. Wir wollen uns aber einer etwas anderen Betrachtungsweise zuwenden, um dieses Vorfahren noch besser zu beschreiben. Zeichnen wir die geometrischen Formen auf, die den aufgelisteten Aspekten entsprechen.

Wie man sieht, handelt es sich im Grunde genommen lediglich um verschiedene gleichschenklige Figuren. Die Verwandtschaften sind deutlich; so sind im 16-Eck Opposition, Quadrat und Halb- bzw. Anderthalbquadrat schon vorhanden. Neu hinzu kommen die Winkel, die der «16er-Familie» angehören. Diese sind, von Punkt «A» aus berechnet, 22°30' (A-B), 67°30' (A-D), 112°30' (A-F) und 157°30' (A-H).

Alle Winkel dieser Gruppe sind, wie die Opposition, «spannungsvoll», unterscheiden sich von dieser wohl nur in der Stärke der Wirkung, nicht aber in der Qualität. Ein Horoskop mit vielen Halbquadraten wird also, ähnlich einem Horoskop mit vielen Quadraturen, starke Spannungen anzeigen. Diese werden aber höchstwahrscheinlich nicht so «krisenträchtig» wie die Quadraturen erlebt. Solche Aussagen lassen sich jedoch nicht verallgemeinern. Ein sehr feinfühliger Mensch wird ein in seinem Ge-

WAS SIND DENN EIGENTLICH ASPEKTE?

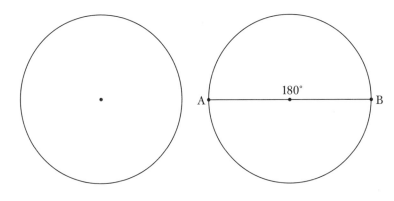

Abb. 2:
1. Harmonic (Konjunktion)

Abb. 3:
2. Harmonic (Opposition)

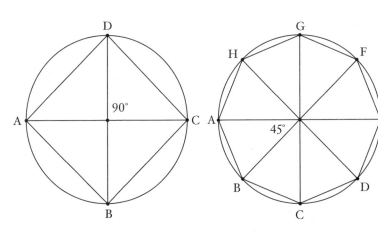

Abb. 4:
4. Harmonic (Quadrat)
Viereck
Enthält 2 Oppositionen:
A-C und B-D

Abb. 5:
8. Harmonic (Halbquadrat)
Achteck
Enthält 4 Oppositionen:
A-E, B-F; C-G, D-H;
2 Vierecke: A-C-E-G und B-D-F-H

WAS SIND DENN EIGENTLICH ASPEKTE?

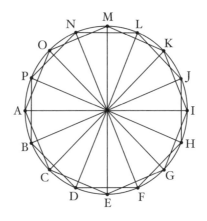

Abb. 6:
16. Harmonic
Enthält 8 Oppositionen:
4 Vierecke: A-E-I-M; B-F-J-N; C-G-K-O; D-H-L-P;
2 Achtecke: A-C-E-G-I-K-M-O; B-D-F-H-J-L-N-P
Alle Winkel – A-B, B-C, C-D, usw. – messen 22 Grad, 30 Minuten.

burtsbild vorhandenes Halbquadrat unter Umständen genauso «kräftig» erleben wie ein gröberer Zeitgenosse entsprechend ein Quadrat. Bei der Deutung muss eben das Ganze berücksichtigt werden. Dass ich beim Versuch, die Grundqualität der Aspekte zu erhellen, an dieser Stelle Halbquadrat und Anderthalbquadrat in einen Topf werfe, mag einigen Kollegen nicht besonders schmecken. Hierzu sei Folgendes bemerkt: Es ist wahr, dass man bei der Analyse auch die Phase eines Aspektes in Betracht ziehen muss. So sind die zwei möglichen (von einem einzigen Grad aus gesehenen) Halbquadrate die Mittelpunkte zwischen Konjunktion und zunehmendem Quadrat auf der einen Seite, zwischen abnehmenden Quadrat und Konjunktion auf der anderen; ähnlich verhält es sich beim Anderthalbquadrat in Bezug auf die Opposition. Wenn ich diesen durchaus wichtigen Punkt in diesem Werk weitgehend vernachlässige, dann aus zwei Gründen:

WAS SIND DENN EIGENTLICH ASPEKTE?

1. Es geht mir hauptsächlich darum, die Hauptqualitäten einzelner Aspektfamilien zu beschreiben.
2. Dies soll anhand von praktischen Beispielen vorgenommen werden, doch es ist in der Praxis oft sehr schwer, die Bedeutungen der sich zwar in verschiedenen Phasen befindlichen, aber zur selben Aspektfamilie gehörenden Winkel zu unterscheiden. Begegnen wir beispielsweise einem Menschen, dessen Radix fast nur Aspekte der 4. und 8. Harmonics aufweist, spüren wir sofort die «power». Es ist aber manchmal unmöglich zu sagen, ob neben den Quadraten die Halbquadrate oder Anderthalbquadrate überwiegen. Wenn wir sein Horoskop betrachten, erhellt die Deutung der am Spannungsbild beteiligten Planeten, Zeichen und Häuser die Lage normalerweise sowieso zur Genüge. Es liegt mir viel daran, vor allem praktisch verwendbare Informationen zu vermitteln. Wer sich mehr fürs Theoretische interessiert, findet in der Bibliographie am Ende dieses Werkes eine Liste einiger besonders empfehlenswerter Werke.

Im nächsten Kapitel werden die Haupteigenschaften jeder Aspektfamilie bis zum 12. Harmonic besprochen. Jetzt aber, nachdem wir am Beispiel der 2er-Gruppe den «Aufbau» einer Aspektfamilie erläutert haben, wollen wir uns der 3er-Gruppe zuwenden.

Dreiteilung bzw. Neunteilung: Das erste und daher bedeutendste Mitglied dieser Gruppe ist das durch Dreiteilung des Kreises entstandene Trigon (3. Harmonic). 3 hoch 3 = 9, Teilung durch dieses Harmonic ergibt das Novil und seine wesensgleichen Verwandten, also Aspekte von 40° (Novil, auch Nonil genannt), 80°, und 160°.

Die Aspekte des 9. Harmonics haben dieselbe «harmonische» Qualität wie das Trigon, doch liegt die Vermutung nahe, dass sie nur ein Drittel der Wirkungsstärke desselben besitzen. Der nächste Aspekt dieser Reihe, auf der Harmonic-Zahl 27 (3 hoch 3) basierend, dürfte nur ein Drittel der Stärke des Novils haben. In der Tat sind die Aspekte von 13°20' (und die anderen Winkel,

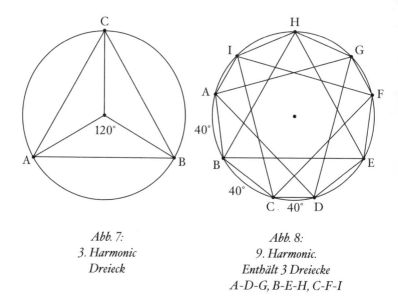

Abb. 7:
3. Harmonic
Dreieck

Abb. 8:
9. Harmonic.
Enthält 3 Dreiecke
A-D-G, B-E-H, C-F-I

die erst durch das 27-Eck entstehen), nicht stark. Ich habe nur in zwei Fällen eine deutlich sichtbare Wirkung derselben in einem Radix beobachtet, obwohl das vielleicht eher daran liegt, dass ich mich in der Regel auf die Harmonic-Reihen unter 22 konzentriert habe; künftige Forschungen werden hier womöglich mehr ans Licht bringen. Für die Praxis können wir uns aber erst einmal auf Aspekte der 3. und 9. Harmonic-Reihen konzentrieren, soweit es diese Familie betrifft.

Die Fünfteilung des Kreises führt zum Quintil und Biquintil, Aspektgrößen von 72° bzw. 144°. 5 hoch 2 (25. Harmonic) und 5 hoch 3 (125) bilden ihrerseits Reihen, die man in der alltäglichen astrologischen Praxis wohl übergehen muss. Eine Erweiterung der Aussagemöglichkeiten ist durchaus wünschenswert – darin liegt ja ein Zweck dieses Buches –, aber man kommt um eine gewisse Einschränkung der Mittel gar nicht herum. Nichtsdestoweniger scheint es mir erwähnenswert, dass John Addey, der einen erheblichen Teil seines Lebens der Aspektforschung widmete, der Meinung war, es gebe eine Verbindung zwischen As-

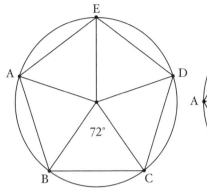

Abb. 9:
5. Harmonic (Quintil 72°): A-B;
Biquintil (144°): A-C

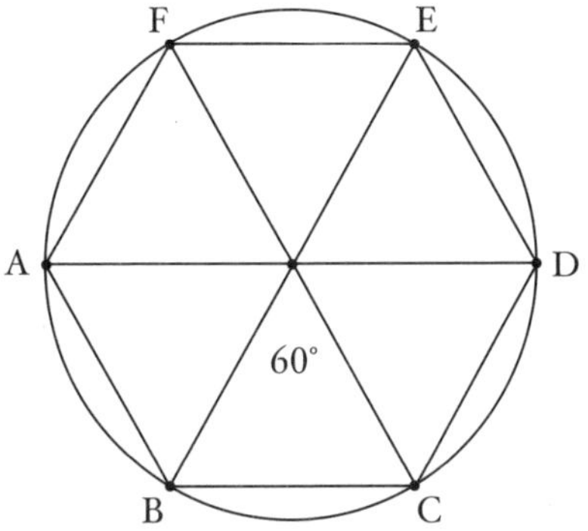

Abb. 10:
6. Harmonic (Sextil):
A-B, B-C, C-D, usw.
Enthält 3 Oppositionen, A-D, B-E,
C-F; 2 Trigone, A-C-E und B-D-F

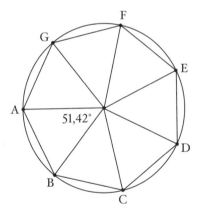

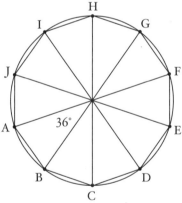

Abb. 11:
7. Harmonic (Septil):
A-B, B-C, C-D, usw. (51,42°);
Biseptil (102,84°):
A-C, B-D, C-E, usw.
Triseptil (154,18°):
A-D, B-E, C-F usw.

Abb. 12:
10. Harmonic (Dezil)
Enthält: Dezil: A-B, B-C, C-D, usw.
Quintil: A-C, B-D, C-E, usw.
Tridezil: A-D, B-E, C-F, usw.
Biquintil: A-E, B-F, C-G, usw.
5 Oppositionen: A-F, B-G, C-H, usw.

pekten des 125. Harmonics und den fünf Sinnen (Addey 1976, S. 137).

Die Sechsteilung: Das Sextil entsteht durch Harmonic-Zahl 6, also 3 mal 2. Hier haben wir es bei der Deutung mit einem «Mischling» zu tun; das Sextil beinhaltet Qualitäten von sowohl 3 als auch 2.

Die Siebenteilung: Mit dem 7. Harmonic kommen wir zur zweiten Reihe, die von der Tradition fast gänzlich vernachlässigt wurde (nach der Fünfteilung). Die Mitglieder der Septilreihe sind Biseptil und Triseptil (siehe Abb. 11).

Einige Fallbeispiele in einem späteren Kapitel werden eindeutig zeigen, dass die Einbeziehung dieses Aspektes in die Deutungsarbeit für jeden Astrologen eine Selbstverständlichkeit sein sollte.

Die Zehnteilung: Der nächste noch nicht besprochene Aspekt ist das Dezil, Harmonic-Zahl 10, das Ergebnis von 5 mal 2, also wieder ein Mischling, diesmal aber mit den Grundqualitäten der 5er- und 2er-Reihe. Hierfür werden im 5. Kapitel einleuchtende Deutungsbeispiele gegeben.

Die Elfteilung des Kreises führt zum Undezil, ein so gut wie überhaupt nicht erforschter Aspekt. Hier haben wir es mit einer neuen Primzahlreihe zu tun, die eine Ebene für sich darstellen müsste. Die wenigen Erkenntnisse, die ich im Laufe meiner Forschung sammeln konnte, werden im dritten Kapitel dargelegt.

Die Zwölfteilung: An nächster Stelle stehen Halbsextil und Quincunx, beide Kinder des 12. Harmonics. Diese Aspekte werden, im Gegensatz zu denen der 5er-, 7er-, 9er-, 10er- und 11er-Harmonic-Reihen, relativ oft verwendet, vielleicht weil sie so leicht zu orten sind: Zwei Planeten, die durch das 12. Harmonic verbunden sind, stehen im selben Grad verschiedener Tierkreiszeichen.

Die Dreizehnteilung: Da über die Bedeutung dieser, so wie der noch höheren Primzahlen (17, 19, 23 usw.) nur spekuliert werden könnte, werden wir uns mit ihnen in diesem Werk nicht beschäftigen. Es gibt jedoch Harmonics über 13, mit denen sich

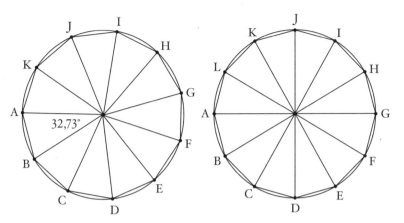

Abb. 13:
11. Harmonic
Das Undezil und verwandte Aspekte
11 (32,73°): A-B, B-C, C-D, usw.
11/2 (65,45°): A-C, B-D, C-E, usw.
11/3 (98,18°): A-D, B-E, C-F, usw.
11/4 (130,9°): A-E, B-F, C-G, usw.
11/5 (163,6°): A-F, B-G, C-H, usw.

Abb. 14:
12. Harmonic
Enthält:
Halbsextil (30°): A-B; B-C, C-D, usw.
Quincunx (150°): A-F, B-G, C-H, usw.
Außerdem:
Sextil: A-C, B-D, C-E, usw.
Quadrat: A-D, B-E, C-F, usw.
Trigon: A-E, B-F, C-G, usw.
Opposition: A-G, B-H, usw.

dennoch arbeiten lässt, da sie Verwandte der unteren Reihen sind. Das wurde beim 16. Harmonic (ein Verwandter der 2er-Reihe) schon erklärt; fahren wir nun mit dem 14. Harmonic fort.

Die Vierzehnteilung: Das 14. Harmonic kombiniert Qualitäten der Zahlen 7 und 2; das 21. Harmonic diejenigen von 7 und 3. Solche Aspekte sind vor allem bedeutsam, wenn sie mit einigen stärkeren Aspekten (hier vor allem dem Septil) in einem gemeinsamen Aspektgefüge auftreten. Die Zeichnung verdeutlicht dies.

Ähnliches gilt für Aspekte der 15. und 20. Harmonic-Reihen; beide sind mit dem Quintil verwandt, wobei die 15er-Reihe 5

WAS SIND DENN EIGENTLICH ASPEKTE?

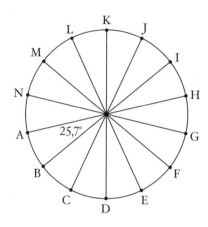

Abb. 15:
14. Harmonic
Enthält: Harmonic 14 (25,7°): A-B, B-C, C-D, usw.
Septil: A-C, B-D, C-E, usw.
H.14/3* (77,1°): A-D, B-E, C-F, usw. Biseptil: A-E, B-F, C-G, usw.
H.14/5 (128,6°): A-F, B-G, C-H, usw.
Triseptil: A-G, B-H, C-I, usw.
Oppositionen: A-H, B-I, C-J, usw.

mit 3 verbindet, die 20er 5 mit 4 (das letztere ist also qualitätsmäßig dem «5 mit 2 verbindenden» Dezil ähnlich). Wenn man bei einem Horoskop sich eine möglichst feine, ins Detail gehende Deutung vornehmen will, können solche Aspekte oft in der Tat behilflich sein.

Das 18. Harmonic verbindet Eigenschaften von 3 und 2, dem Sextil also nicht unähnlich, doch hier haben wir 3 x 3 x 2. Das Prinzip der Zahl drei überwiegt eindeutig, wodurch die Vermutung nahe liegt, dass diese Aspekte eher harmonischen Charakter haben.

---

* 14/3 bezeichnet die dreifache Distanz des Grundaspektes des 14. Harmonics: 25,7° mal 3 = 77,1°; 14/5 (128,6°) die fünffache Distanz desselben.

WAS SIND DENN EIGENTLICH ASPEKTE?

In diesem Buch werde ich mich auf die Harmonic-Reihen 1 bis 12 konzentrieren; höhere Harmonics werden höchstens dann berücksichtigt, wenn die entsprechenden Winkel Bestandteile eines größeren Aspektgefüges bilden.

Ich möchte an dieser Stelle dem Leser ein für ihn vielleicht etwas ungewohntes System zur schriftlichen Darstellung der Aspekte vorschlagen. Ab diesem Kapitel werde ich die hier vorzuschlagende Schreibweise sehr oft verwenden. Normalerweise werden die Aspektverbindungen mit Symbolen geschrieben, z.B.: □ für das Quadrat oder ✶ für das Sextil. Das funktioniert zwar gut mit den «Hauptaspekten», wofür die entsprechenden Symbole schon längst im Gebrauch sind. Was sollten wir aber tun für die «kleineren» Aspekte, von denen wir im Laufe dieses Buches erfahren werden? Sollten wir ein je neues Symbol für jeden «neuen» Aspekt erfinden? Dies würde meines Erachtens den Lernprozess nur sinnlos erschweren.

Hans-Jörg Walter (Walter 1981, S. 35ff.) hat die folgende Schreibweise vorgeschlagen, hier dargestellt an einem Merkur-Uranus-Quadrat: ME-90-UR. Dies ist meiner Meinung nach schon eine Verbesserung gegenüber Merkur □ (Quadrat) Uranus, da flexibler. Wir könnten mit diesem System zum Beispiel ein Septil, wofür kein Zeichensymbol im allgemeinen Gebrauch ist, demnach einfach so schreiben: ME-51°26'-UR, oder wie Hans-Jörg Walter vorschlägt, abgerundet: ME-51-UR.

Jedoch scheint es mir noch sinnvoller zu sein, statt der Aspektdistanz die Harmonic-Zahl des Aspektes zu schreiben, in diesem Falle also: ME-7-UR. Das ist gleichzeitig kurz und präzise, und was ebenso wichtig ist: Da die Bedeutungen der Aspekte hauptsächlich von deren Harmonic-Zahlen abgeleitet werden, sagt uns hier die Harmonic-Zahl nicht nur etwas über die Aspekt*distanz* aus, sondern auch über dessen *Bedeutung*. Wer sich mit der astrologischen Bedeutung der Zahl «3» vertraut gemacht hat, wird die Formel «SO-3-NE» genauso bedeutungsträchtig finden wie das traditionelle «Trigon»-Symbol. Falls man Aspekte der gleichen Reihe voneinander unterscheiden möchte, z.B.

WAS SIND DENN EIGENTLICH ASPEKTE?

Biquintil vom Quintil, schlage ich Folgendes vor: für das Quintil, SO-5-NE; für das Biquintil SO-5/2-NE. Bei «5/2» handelt es sich natürlich nicht etwa um einen Bruchteil. Die erste Zahl (5) sagt uns, dass der Aspekt zum 5. Harmonic gehört; die zweite, dass es sich um den zweiten «Zacken» eines «Fünfsterns» (als erster Zacken wäre der Quintilpunkt zu rechnen) handelt, also um ein Biquintil. So können mit erfreulicher Leichtigkeit auch die Aspekte deutlich und genau schriftlich wiedergegeben werden. Ein Tetranovil (160°, vierter Zacken des Neunsterns) wäre einfach als «SO-9/4-NE» zu schreiben. Diese Schreibweise ist vor allem dann eine angenehme Hilfe, wenn die tatsächlichen Aspektdistanzen nicht aus Ganzzahlen bestehen. Die Distanz beispielsweise eines Biseptils ist 102°51'25.7". Wir brauchen aber nur zu notieren: SO-7/2-NE. Das ist natürlich genauso präzise, da eine Harmonic-Zahl lediglich den ergänzenden Multiplikator darstellt, wollte man auf die Zahl der Grade im Kreis kommen: 102°51'25.7" x 7 ergibt 720° = 2 x 360°. Und die Zahl «7» gibt uns zusätzlich den «Deutungsschlüssel» in die Hand.

In diesem Buch habe ich normalerweise lediglich die Harmonic-Zahl des Aspekts angegeben und nicht eine zusätzliche Zahl nach einem «/», die die genaue Phase des Aspekts bestimmt hätte; der Grund dafür ist, dass ich mich auf die Interpretation bestimmter Harmonic-Reihen «an sich» beschränkt habe; es steht dem Lernenden natürlich frei, noch differenziertere Deutungen anhand der jeweiligen «Phase» eines jeden Aspektes zu wagen. Hier also eine Zusammenfassung der von mir verwendeten Kürzel; als Beispiel habe ich in jedem Falle das Planetenpaar Mond/Neptun gewählt:

«Formel»	
MO-1-NE	Konjunktion
MO-2-NE	Opposition
MO-3-NE	Trigon

WAS SIND DENN EIGENTLICH ASPEKTE?

«Formel»	
MO-4-NE	Quadrat
MO-5-NE	Quintil
MO-6-NE	Sextil
MO-7-NE	Septil
MO-8-NE	Oktil (Anderthalbquadrat)
MO-9-NE	Novil
MO-10-NE	Dezil
MO-11-NE	Undezil
MO-12-NE	Halbsextil

Ergänzend, und zur näheren «Phasenbestimmung», hätten wir beispielsweise:

MO-5/2-NE	Biquintil
MO-7/3-NE	Triseptil
MO-8/3-NE	Trioktil bzw. Anderthalbquadrat
MO-9/4-NE	Tetranovil
MO-12/5-NE	Quincunx

Dem Lernenden müsste jetzt klar sein, wie die verschiedenen Aspektreihen entstehen. Bevor wir uns der Beschreibung der Bedeutung jeder Reihe widmen, behandeln wir die Frage der zuzulassenden Orbisdistanzen.

Orben der Aspekte

Ich will dem Leser nicht weismachen, die von mir verwendeten Orbiszahlen seien die einzig richtigen. Mir persönlich tut es in der Seele weh, wenn ich ein Astrologiebuch lese, in dem der Autor so tut, als ob allein *sein* System gültig wäre. Es ist zwar nur natürlich, dass ein jeder von seiner Methode überzeugt ist, doch es müsste jedem offenen Geist klar sein, dass auch die scheinbar verschiedensten Wege nach Rom führen können. Mir ist immer suspekt, wenn einer – egal auf welchem Gebiet er sich betätigt – sich als alleiniger Hüter der «Wahrheit» ausgibt. Auf jeden Fall ist in der Astrologie die Einbildung nicht «auch eine Bildung», sondern eher ein Feind unserer Wissenschaft. Etwas mehr Demut kann hier kaum schaden. Man sollte meinen, dass die jahrelange Beschäftigung mit der Astrologie, deren ans Wunderbare grenzende Gesetzmäßigkeiten sowohl im Kosmos wie im menschlichen Leben wir fast täglich erfahren, uns durchaus genügend Ehrfurcht einflößen würde, um uns auf natürliche Weise zur Demut zu erziehen. In diesem Sinne schlage ich die folgenden Orbisdistanzen vor, wohl wissend, dass man mit anderen Werten durchaus gute Ergebnisse erzielen kann. Wichtig scheint mir allerdings der logische Aufbau der Liste zu sein.

Wie wir schon erwähnt haben, sind die Aspektdistanzen umso kleiner – also die Aspekte selbst normalerweise umso schwächer in der Wirkung – je größer die Harmonic-Zahl ist. John Addey hat deshalb nach mehr als zwanzigjähriger intensiver Forschung auf dem Gebiet der Aspekttheorie vorgeschlagen, den Orbis entsprechend dem Harmonic festzusetzen (Addey 1976, S. 131). Wenn wir also für eine Konjunktion 12° Orbis zulassen, bekäme eine Opposition 6°, (12/ Oppositionszahl 2), ein Trigon 4° (12/3) und so weiter. Natürlich ist die Festlegung des Konjunktionsorbis (12°) willkürlich geschehen; man könnte genauso 8°, 10° oder gar 15° verwenden. Doch es scheint mir logisch, die anderen Harmonic-Orbiswerte dementsprechend zu bilden. Bei den Anhängern der Harmonic-Astrologie in den USA und Großbritannien sind die unten aufgelisteten Orbiswerte die bei weitem am meisten verwendeten. Ich selbst arbeite seit etlichen Jahren damit und kann jedenfalls sagen, die praktische Erfahrung hat immer wieder meine Wahl bestätigt. Es werden also die folgenden, in diesem Buch verwendeten Orbiswerte wärmstens empfohlen:

Aspekt	Harmonic	Genaue Distanz	Orbis	Daraus resultierender Aspektbereich
Konjunktion	1	360°	12°	348° bis 12°
Opposition	2	180°	6°	174° bis 186°
Trigon	3	120°	4°	116° bis 124°
Quadrat	4	90°	3°	87° bis 93°
Quintil	5	72°	2°24'	69°36' bis 74°24'
Biquintil	5/2	144°	2°24'	141°36' bis 146°24'
Sextil	6	60°	2°	58° bis 60°
Septil	7	51°26'	1°43'	49°43' bis 53°09'
Biseptil	7/2	102°52'	1°43'	101°09' bis 104°35'
Triseptil	7/3	154°18'	1°43'	152°35' bis 156°01'
Oktil	8	45°	1°30'	43°30' bis 46°30'
Trioktil	8/3	135°	1°30'	133°30' bis 136°30'
Novil	9	40°	1°20'	38°40' bis 41°20'
Binovil	9/2	80°	1°20'	88°40' bis 81°20'
Tetranovil	9/4	160°	1°20'	158°40' bis 161°20'
Dezil	10	36°	1°12'	34°48' bis 37°12'
Tridezil	10/3	108°	1°12'	106°48' bis 109°12'
Undezil	11	32°44'	1°05'	31°39' bis 33°49'
Bi-Undezil	11/2	65°27'	1°05'	64°22' bis 66°32'

WAS SIND DENN EIGENTLICH ASPEKTE?

Aspekt	Harmonic	Genaue Distanz	Orbis	Daraus resultierender Aspektbereich
Tri-Undezil	11/3	98°11'	1°05'	97°06' bis 99°16'
Tetra-Undezil	11/4	130°55'	1°05'	129°50' bis 132°00'
Penta-Undezill	11/5	163°39'	1°05'	162°34' bis 164°44'
Halbsextil	12	30°	1°	29° bis 31°
Quincunx	12/5	150°	1°	149° bis 151°

Für andere Aspektreihen werden Orbiswerte ähnlich bestimmt, die Formel lautet also: 12° (Orbis der Konjunktion)/Harmonic des Aspektes. Das geht am besten mit Taschenrechner, wobei wir am Ende lediglich vom Dezimalsystem in Grad, Minute und Sekunde umrechnen müssen. (Selbstverständlich gibt es heutzutage Computer-Programme, die diese Aspekte schnell und sicher berechnen.) Zum Beispiel für einen Aspekt der 14er-Reihe, rechnet man wie folgt: 12/14 = 0,85714, also 0° und eine gewisse Anzahl von Minuten. Um diese zu ermitteln, multiplizieren wir mit 60: 0,85714 x 60 = 51,42857, also 51 Minuten plus einige Sekunden. Um die Sekunden zu finden, subtrahieren wir die 51 Minuten (51,42857 – 51 = 0,42857) und multiplizieren wieder das Ergebnis mit 60: 0,42857 x 60 = 25,714 Sekunden. Die Sekundenbruchteile sind unerheblich. Wir lassen sie deshalb weg und runden einfach auf 26 Sekunden auf. Somit haben wir ein Endergebnis von 0°51'26": der zulässige Orbis für einen Aspekt des 14. Harmonics. Machen wir das der Übung wegen einige Male, damit es uns nach einigen Minuten wirklich leicht fällt.

16. Harmonic: 12/16 = 0,75;
0,75 x 60 = 45 (Minuten);
Orbis für Harmonic 16: 0°45'.

13. Harmonic: 12/13 = 0,92307;
0,92307 x 60 = 55,38;
0,38 x 60 = 23 (Sekunden).

Der Orbiswert für Harmonic 13 ist also: 0°55'23" (0°55' reicht aus – die Sekunden müssen nicht beachtet werden.)

Berechnen Sie jetzt selbst die Orbiswerte für die folgenden Harmonic-Reihen und vergleichen Sie Ihre Ergebnisse mit den angegebenen Werten:

18	0°40'
21	0°34'17"
15	0°48'
25	0°28'48"

(In der Praxis können die Sekunden zur nächsten Minute auf- bzw. abgerundet werden.)

David Hamblin schlug vor, zur genaueren Beurteilung der relativen Stärke eines Aspektes eine zusätzliche Orbistabelle zu benutzen, eine mit «engeren» Orbisangaben. Die Werte betragen jeweils ein Sechstel der «normalen» Orben (Hamblin 1983, S. 29):

Harmonic	Orbis eines «engen» Aspektes	Harmonic	Orbis eines «engen» Aspektes
1	2°	7	0°17'
2	1°	8	0°15'
3	0°40'	9	0°13'
4	0°30'	10	0°12'
5	0024'	11	0°11'
6	0°20'	12	0°10''

Hiernach würde z.B. eine Opposition, deren Orbis 1° oder weniger beträgt, als «enge Opposition» gelten.

Natürlich ist es eine enorme Erleichterung, wenn man mit einem Computer und einem guten Astrologie-Programm arbeitet; so werden automatisch alle Aspekte samt Orben berechnet.

WAS SIND DENN EIGENTLICH ASPEKTE?

Aus diesem Grund fügen wir eine Version unseres Programms «Omnicycles» bei, das dem Benutzer erlaubt, sowohl das Radix-Horoskop als auch jedes beliebige Harmonic-Chart schnell und präzis zu berechnen. So haben Sie die Möglichkeit, auch die Quintile, Septile und andere Aspekte der höheren Harmonic-Reihen (1 bis 16, 18, 20, 21, usw.) in einem Horoskop zu studieren.

Viele Astrologen haben den Versuch unternommen, jede Harmonic-Reihe mit einem ihr am besten charakterisierenden Planeten in Verbindung zu bringen. So beschreibt Hans-Jörg Walter beispielsweise das Septil als saturnisch (Walter 1981, S. 30f.); Robert Hand empfindet es als eine Mischung aus Uranus-Neptun (Hand 1990, S. 153), während Bil Tierney in diesem Falle eine Kombination aus Saturn und Neptun mit einem Beigeschmack von Pluto vorschlägt (Tierney 2005, S. 74). Ich bin persönlich der Meinung, dass man solche Zuordnungen nur sehr vorsichtig genießen soll. Wenn jede Primzahl, ja jede Harmonic-Zahl überhaupt einen Planeten zugeordnet bekommen soll, was machen wir bei den höheren Reihen, z.B. 19 oder 23? Schließlich gibt es nur eine begrenzte Anzahl Planeten, und die Planetoiden zu diesem Zweck einzuspannen, ist auch nur eine Scheinlösung. Es existieren zwar Tausende dieser kleinen Himmelskörper, doch astrologisch erforscht sind meines Wissens bestenfalls acht oder zehn davon. Am Ende werden wir dazu verleitet, aus Unkenntnis der «Planetenzugehörigkeiten» höherer Harmonic-Reihen diese zu vernachlässigen, wie wir es in der Vergangenheit mit Quintilen und Septilen getan haben. Ist es nicht besser, den Versuch zu unternehmen, jedes Harmonic für sich und allein für das, was es ist, zu verstehen?

Nichtsdestoweniger möchte ich für den Neugierigen die planetarischen Entsprechungen für die Harmonics 1 bis 9 erwähnen, die von Hans Jörg Walter und auch von anglo-amerikanischen Astrologen in ihren Werken oft besprochen werden. Für diese Harmonic-Reihen scheint das System tatsächlich ziemlich gut zu funktionieren.

Aspekt	Planet	Gemeinsame Themen
Konjunktion	Sonne	Einheit, Ursache aller nachfolgenden Aspekte bzw. Planeten
Opposition	Merkur	Bewusstsein, Kontakt, Zwiespalt
Trigon	Venus	Harmonie, Glück
Quadrat	Mond/Erde	Das Konkrete; die materielle Ebene; Konflikte
Quintil	Mars	Der Drang, etwas Individuelles zu vollbringen
Sextil	Jupiter	Erfolgreiche Leistungen
Septil	Saturn	Schicksalhaftigkeit, Religiosität
Oktil	Uranus	Plötzlich eintretende Spannungen, Krisen
Novil	Neptun	Harmonie auf höherer Ebene, Gefühl des «Einsseins mit dem Kosmos»

Die Tabelle scheint sehr überzeugend zu sein, wenn man beispielsweise Trigon/Novil einerseits, Venus/Neptun anderseits betrachtet. Neun ist eine «höhere Verwandte» von drei, wie Neptun die «höhere Ebene» von Venus darstellt. Die Beziehung zwischen dem «Erfolgsplaneten» Jupiter und dem sechsten Harmonic scheint auch einleuchtend zu sein, genauso wie die Entsprechung zwischen der Konjunktion und der Sonne. Beim Septil ist das System weniger überzeugend; nach meinen Erfahrungen hat das Septil mindestens so viel Neptun- wie Saturnqualität. Am Ende kommen wir wahrscheinlich doch weiter, wenn wir auf solche Entsprechungssysteme verzichten und versuchen, durch empirische Untersuchungen das Wesen jeder Aspektreihe zu erkunden. Die ausführliche Behandlung der Harmonics 1 – 12 ist das Thema des folgenden Kapitels.

Grundbedeutungen der Aspektreihen

Harmonic 1

Distanz: 0°
Traditioneller Name: Konjunktion

Betrachten wir die Harmonic-Zahl der Konjunktion, so haben wir in der 1 nicht nur die erste Primzahl, sondern die erste Zahl überhaupt. So wie die Konjunktion Anfang und Ende eines planetarischen Zyklus anzeigt, wird durch die Zahl 1 – auf zugegebenermaßen abstrakterer Ebene – die Einheit der Schöpfung symbolisiert. Ohne mich in esoterischen Gefilden verlaufen zu wollen (der sich hierfür interessierende Leser wird im Buchhandel viele ausgezeichnete Werke der esoterischen Literatur finden), halte ich diese Tatsache für die praktische Astrologie für eminent wichtig, denn sie weist auf etwas hin, was ich schon seit Jahren vermutet habe: In der Konjunktion sind potentiell *alle* Auswirkungsmöglichkeiten des beteiligten Planetenpaares vorhanden!

Es ist wahr, dass beispielsweise die «spannungsvollen», nach außen gerichteten Energien bei der Konjunktion nicht zur Geltung kommen wie bei den Aspekten der 2er-Reihe (d.h. Aspekte mit Harmonic-Zahl 2, 4, 8, 16 usw.); eine gewisse Neigung zum «In-sich-Verschlossensein» ist beim 1. Harmonic eher zu erwarten. Doch dass die *Möglichkeit* einer «Entäußerung» besteht, kann nicht bezweifelt werden. So haben wir im Geburtsbild des großen amerikanischen Erfinders Thomas Alva Edison eine Sonne-Neptun-Konjunktion im Wassermann: Seine erfinderische (Wassermann) Phantasie (SO-1-NE) kam der ganzen

Welt zugute. Das Horoskop des ehemaligen Tennisprofis John McEnroe enthält eine Mond-Mars-Konjunktion, doch wer würde behaupten, dieser ausdrucksstarke Sportler hätte seine gefühlsmäßigen (Mond) Aggressionen (Mars) immer für sich behalten? Die «Verinnerlichung» der Konjunktionskräfte ist also nur eine, wenn auch manchmal die wahrscheinlichere Möglichkeit, doch dies ist durchaus als relativ zu betrachten, und zwar im Vergleich zu den viel stärker zur Entäußerung drängenden Aspekten der 2er-Reihe.

Wenn wir die Konjunktion als den einzigen Aspekt anerkennen, der das ganze Spektrum der verschiedenen Ausdrucksmöglichkeiten des betreffenden Planetenpaares enthält, so erscheint sie uns als wahres Geschenk des Himmels. Dein MA-1-SA z. B. kannst du zwar aktivieren, um bei der Arbeit deine Kräfte möglichst diszipliniert einzusetzen (ähnlich wie beim Trigon), doch du hast auch die Freiheit, mit diesem Aspekt über Leichen zu gehen, um deine Ziele zu erreichen. Ja, ich sage «die Freiheit»; denn obwohl Letzteres vom moralischen Standpunkt aus keineswegs zu befürworten wäre: Ist es nicht schön zu wissen, du hast der Rücksichtslosigkeit, die in deinem Wesen schlummert, aus freiem Entschluss abgeschworen? Wer von Natur aus nicht rücksichtslos ist, hat auf jeden Fall weniger Veranlassung, sich wegen seiner rücksichtsvollen Behandlung seiner Mitmenschen zu loben!

Viele Astrologen sind der Ansicht, dass eine Konjunktion als positiv/negativ, erfreulich/weniger erfreulich eingestuft werden kann, wenn wir die Natur der zwei beteiligten Planeten berücksichtigen. Bei den meisten Menschen scheint dies zwar oft der Fall zu sein, doch liegt meiner Meinung nach diese Bewertung auf keinen Fall im Wesen der Konjunktion bzw. der darin beteiligten Planeten begründet, sondern vielmehr in der mangelnden Bereitschaft der Menschen, positiv an sich zu arbeiten. Soll man wirklich die zwischen «Übeltätern» Mars und Pluto stattfindende, im Geburtsbild des angesehenen französischen Philosophen Michel de Montaigne vorkommende Konjunktion als «schlecht» bewerten? Dessen Horoskop weist außerdem eine «üble» Konjunktion zwischen Saturn und Uranus (und das am Aszendenten!) auf; hat etwa der Nazi-Propagandaminister Joseph Goebbels nicht gewählt, seine Saturn-Uranus Konjunktion anders zu verwirklichen, als der friedliebende Montaigne es tat? Eine Verbindung im 1. Harmonic zwischen beispielsweise Mond und Jupiter gilt allgemein als «glücklich». Adolf Hitler, der rechtmäßig gewählte Reichskanzler, hatte diese Konstellation im 3. Radix-Haus. Diese Konjunktion hat ihm ohne Zweifel geholfen, einen entscheidenden Teil des deutschen Volkes für sich zu gewinnen, war also in den Jahren seines Aufstiegs ein «Glücksbringer». Doch am Ende gingen er und sein «tausendjähriges Reich» unter, und vom «Glück» war wahrhaftig nichts mehr zu sehen. An solchen eindringlichen Beispielen kann man erkennen, wie vorsichtig man sein muss, wenn man von sogenannten «wohltätigen» Aspekten spricht. Die Auswirkungen gerade der Konjunktion können in der Tat mannigfaltig sein. Das Schöne an diesem Aspekt ist, dass man mit zunehmender Selbsterkenntnis in der Lage ist, auszuwählen, wie man die Kräfte der Konjunktion einsetzen möchte. Theoretisch stehen hier alle Türen, alle Ebenen der Entwicklung offen.

Wenn eine Konjunktion im Horoskop relativ «allein» steht, also ohne starke Aspektierung zu den anderen Faktoren, kann es vorkommen, dass die Energie sich nach innen richtet. Vor allem bei einer mehr oder weniger exakten Konjunktion fehlt oft die Möglichkeit einer gesunden Projektion der Kräfte in die Außenwelt. Das Drama spielt sich in diesem Falle im Inneren des Menschen ab, ist daher oft nur schwerlich zu objektivieren und dadurch bewusst zu machen.

Der Mensch, dessen Horoskop viele Konjunktionen aufweist, ist gegen äußere Einflüsse oft sehr widerstandsfähig; er ist, was er ist, und will verdammt sein, bevor er es infrage stellt! Dies kann natürlich zu einer großen Stärke des Charakters führen, da man immer zu wissen scheint, was man will. Andererseits werden diese Menschen oft für egoistisch gehalten, da es manchmal so scheint, dass sie bei der Verfolgung ihrer Ziele andere fast gänzlich ignorieren. Das kann, muss aber nicht aus bösen Absichten geschehen. Oft ist es einfach so, dass sie mit ihren Konjunktionen so sehr in sich verschlossen sind, dass sie andere wenig wahrnehmen, und nur wenig Motivation verspüren, dies irgendwann mal anzufangen. Bil Tierney drückt es folgendermaßen aus: «*Aufgrund der mangelnden Perspektive, die mit diesem Aspekt verbunden ist, repräsentiert die Konjunktion einen ‹blinden Fleck› in unserem Charakter. Der Mensch ist oftmals von den hier beschriebenen Charakterzügen in Anspruch genommen, um zu erkennen, wie sich sein Selbst der Welt präsentiert, selbst wenn die anderen diese Persönlichkeitsmerkmale oftmals gut beobachten können. Da man sich hier so stark mit den Energien identifiziert, scheint sich die Konjunktion direkt durch Verhaltensweisen anstatt durch die äußeren Umstände auszudrücken. Anders als die Opposition oder das Quadrat neigt man mit einer Konjunktion im Geburtshoroskop normalerweise nicht dazu, seine Energien auf andere Menschen oder Situationen zu projizieren.*» (Tierney 2005, S, 22f.)

Einige Spannungswinkel (diejenigen, die mit dem zweiten Harmonic verwandt sind: Harmonic 4, 8, 16, 32, usw.) können hier dem Individuum helfen, sich mehr mit seinen Mitmenschen auseinanderzusetzen und seinen Talenten konkrete Ausdrucksmöglichkeiten zu verleihen. Spannungen sind in diesem Fall womöglich die besten «Entwicklungshelfer». Aber auch die Aspekte anderer Harmonic-Reihen können hier behilflich sein. Die Aspektart eines Planeten, der mit einer Konjunktion zweier anderer Faktoren in Verbindung steht, weist oft auf die «Ausdrucksweise» der Konjunktion hin.

Nach meiner persönlichen Meinung ist es wahrscheinlich am einfachsten, wenn die im Horoskop vorhandenen Konjunktionen nicht allzu «eng» sind, d.h., wenn der Orbis nicht weniger als 1° beträgt. Je enger der Orbis, umso mehr wird sich das «In-sich-Verschlossensein» bemerkbar machen, mit allen daraus resultierenden Problemen. Doch hier geht es lediglich um die Frage des «angenehm/unangenehm», «leicht/schwer». Jeder Aspekt kann sinnvoll entwickelt und eingesetzt werden, aber dies hängt in erster Linie vom menschlichen Willen ab: von der Bereitschaft, an sich zu arbeiten, um die eigenen Schwächen zu vermindern, oder um sie im besten Falle gänzlich auszugleichen.

Der Konjunktion wird in unseren Horoskopzeichnungen keine Farbe zugeteilt, erstens, weil Konjunktionen wegen der Nähe der zwei Planeten zueinander sowieso leicht zu sehen sind, und zweitens, um auf die «alles in sich enthaltende» Qualität dieses Aspektes hinzuweisen.

Harmonic 2

Distanz: 180°
Traditioneller Name: Opposition
Farbe: Rot

Die Opposition stellt die Zweiteilung des Kreises dar, also numerologisch gesehen den Schritt von der Einheit zur Dualität. Während in der Konjunktion alle Möglichkeiten, alle Entwicklungsebenen vorhanden waren, ist dies hier nicht mehr der Fall. Die Zeichnung der Opposition (s. Seite 25) liefert die ersten Anregungen zu ihrer Deutung.

Bei der Opposition haben wir den Höhepunkt eines Zyklus erreicht. Der bis jetzt «zunehmende» Planet wird nach diesem Aspekt anfangen, «abzunehmen». Einige Astrologen sehen darin die Ausschüttung oder Verwirklichung all dessen, was man seit der letzten Konjunktion erfahrungsgemäß gesammelt bzw. aufgebaut hat. Meine Erfahrungen scheinen dies auch zu bestätigen: Der progressive Vollmond z.B. symbolisiert oft eine Lebensphase, in der die Pläne des letzten Halbzyklus zur Reife und Verwirklichung gelangen.

Zwei Kräfte stehen sich bei der Opposition gegenüber; der Punkt der maximalen Entfernung von der Einheit ist erreicht worden. Dies ist in der Tat ein äußerst symbolträchtiger Moment, denn hier liegt, sinnbildlich verschlüsselt, der Ursprung aller Gegensätze, aus dem unser Leben, ja die ganze Schöpfung, besteht: gut/schlecht, hell/dunkel, warm/kalt, Mann/Frau, ich/du und viele andere mehr. Doch ausgerechnet wegen der ihr innewohnenden Gegensätzlichkeit ist die Opposition Sinnbild des höchsten Bewusstseins und der Fähigkeit zur Objektivierung überhaupt. Das sind die erhabensten Schätze, die einem durch die Opposition angeboten werden, doch erwarten diejenigen, die noch nicht mit diesem Aspekt umzugehen wissen, die allergrößten Gefahren. Bei Nichtbewältigung neigt man dazu, sich mit nur einem der beteiligten Planeten zu identifizieren, die Kräfte des anderen werden verdrängt bzw. auf die Umwelt projiziert. So entstehen Charaktere, die die «Schuld» immer nur bei den anderen sehen. Es kommen sogar Ereignisse vor, die scheinbar den Menschen behindern oder schädigen wollen. Dass die Ursachen dieser Geschehnisse in einem selbst liegen, will dieser Typus jedoch nicht begreifen. Misslingen ihm seine Vorhaben oder stößt er auf Widerstände in der Umwelt, sucht und findet er immer den passenden Sündenbock, nur *er* kann nie was dafür – außer «weiterkämpfen». Dabei ist es gar nicht *so* schwer, die Opposition in den Griff zu bekommen, da im Gegensatz zum Beispiel zu den sich auf eher unsichtbaren Ebenen auswirkenden Septilen die Opposition doch sehr «konkret» ist. Unerlässliche Voraussetzung für deren Bewältigung ist eine bewusste Auseinandersetzung mit dem Aspekt, das heißt, dass man erkennen und akzeptieren muss, dass *beide* Kräfte in erster Linie in einem selbst sind und dass beide ernsthafte Aufmerksamkeit verlangen – und verdienen. Denn wenn du dich nur auf *einen* Planeten konzentrierst und dabei den anderen nicht wahrhaben willst, wird sich dieser in deinem Leben immer wieder «melden». Zunächst klopft er mehr oder weniger anständig, wie ein kleiner Wicht, der eben mal Lust hat, dir ein bisschen auf die Nerven zu gehen. Machst du nicht auf, wächst der Wicht noch einen Meter, und ist schon gar nicht mehr so klein! Jetzt ist er auch noch gereizt, und hämmert ungeniert an deine Tür. Aus Angst sperrst du dich vielleicht noch mehr gegen sein Drängen, doch wenn du dich immer noch weigerst, ihm aufzumachen, so wird er die nötigen Kräfte zu mobilisieren wissen, um deine Tür gewaltsam aufzubrechen und sich dir als schreckliches Monster zu präsentieren, das sogar bereit wäre, dir Arme, Beine und Kopf abzureißen um ... – Ja, warum wohl? Aspekt-Monster sind ja abstrakte Wesen, können deshalb keinen Hunger haben, also hat er wohl kaum das Ganze inszeniert, nur um dich aufzufressen. Reiß dich also zusammen, leg' deine Angst beiseite, schau dem Ungeheuer direkt ins fürchterliche Auge – und dann geschieht das Wunder: Plötzlich verwandeln sich die ekligen Züge, er wird kleiner, seine Gestalt nimmt wieder menschliche Form an, und auf einmal ist er sogar schön geworden, lächelt dich freundlich und warmherzig an und gibt dir endlich die Erklärung für sein Verhalten: «Ich wollte nur, dass du mich wahrnimmst, denn *ich* gehöre auch zu dir!» Dann gelobst du, auch ihn wie seinen an der Opposition beteiligten Partner, nie wieder zu vergessen, und schon hast du den Aspekt zur Hälfte bewältigt!

Warum nur zur Hälfte? Weil du zwar jetzt mit deiner Opposition leben kannst, projizierst du nicht mehr ständig deine Probleme auf andere, aber wenn du diesen Aspekt voll erkennen willst, musst du nun seinen Schatz suchen: objektives Bewusstsein. Mit diesem Aspekt hast du nämlich die wunderbare Gelegenheit, dich mit beiden Planetenkräften bewusst auseinanderzusetzen und sie dadurch zutiefst kennenzulernen. Und noch mehr: Die Opposition, da sie ein Spannungsaspekt ist, lässt dir dabei die Möglichkeit, sie auch aktiv auszuleben, damit dir bei deiner Bewusstwerdung die Füße nicht vom Boden abheben. Beherzige einen wohlgemeinten Rat: Das nächste Mal, wenn eine Opposition an deine Tür klopft, mach sofort auf – ihr Besuch kann Wunder wirken!

Als Farbe sowohl für die Opposition, wie auch für alle anderen Aspekte der 2er-Reihe (4,8,16 usw.) verwende ich die Farbe Rot. Sie ist, finde ich, die natürlichste Entsprechung für diese «Spannungsreihe», und außerdem die dafür bei Weitem am häufigsten verwendete.

Bevor wir nun das 3. Harmonic untersuchen, möchte ich ein bisschen über die astro*nom*ischen Gegebenheiten sprechen, wie sie bei der Konjunktion und Opposition vorliegen. Oft wird von uns Astrologen die Astronomie sehr vernachlässigt, doch ist *eine* Erkenntnis für die Anhänger unserer eher zum esoterischen Bereich gehörenden Wissenschaft von großer Bedeutung: Astronomie und Astrologie stellen zwei Seiten derselben Münze dar. Die Astronomie erforscht und beschreibt die konkrete Wirklichkeit unseres Kosmos, während es höchstes Ziel der Astrologie ist, den *Sinn* hinter diesen Erscheinungsformen zu finden und ihn für uns Menschen in verständlicher Form zu beschreiben. Diese Tatsache kann nicht stark genug betont werden, denn sie zeigt uns den Weg zum tieferen Verständnis aller astrologischen Faktoren. Die Astronomie hat einen gewissen Vorteil ihrer «älteren Schwester» gegenüber, und zwar insofern, als sie in der Lage ist, mit dem gesamten Instrumentarium der modernen Naturwissenschaft den Kosmos zu erforschen. Warum machen wir uns diese Forschungsergebnisse nicht in der Astrologie zunutze? Astronomische und astrologische Wirklichkeiten können sich nie widersprechen; es handelt sich lediglich um eine unterschiedliche Betrachtungsweise. Einen Vergleich bieten hier die Medizin und die Psychologie; erstere befasst sich mit der stofflichen, letztere mit der seelischen Wirklichkeit des Menschen. Medizin und Psychologie haben sich in den letzten Jahren immer mehr zueinander gefunden, mit dem Ergebnis beiderseitiger Bereicherung. Das kann uns, die wir uns mit der Erscheinung und dem Sinn des Kosmos befassen, als nachahmenswertes Beispiel dienen. Dieses Buch bietet nicht den Rahmen, um die ganze Tragweite dieser Anschauungsweise zu untersuchen. Nichtsdestoweniger möchte ich jetzt diese Perspektive am Beispiel der Konjunktion und Opposition demonstrieren, um dadurch zum besseren Verständnis dieser kraftvollen Aspekte zu gelangen. Die astronomischen Phasen der Konjunktion und Opposition werden in folgenden Zeichnungen verdeutlicht, und zwar am Beispiel einer Sonne/Saturn-Phase, natürlich aus geozentrischer Sicht, da wir nun mal auf der Erde leben.

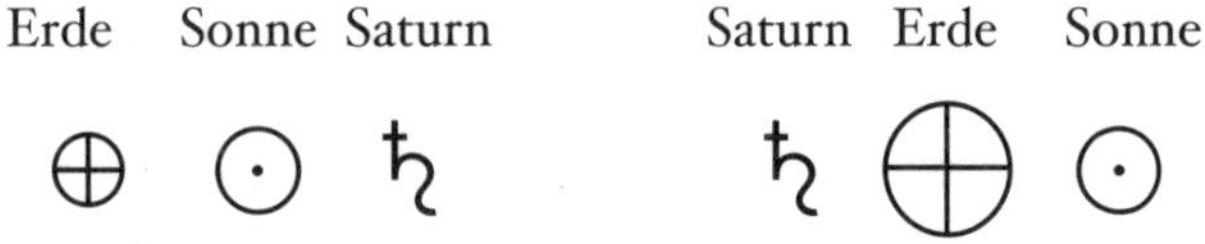

GRUNDBEDEUTUNGEN DER ASPEKTREIHEN

Erde Sonne Saturn	Saturn Erde Sonne
⊕ ☉ ♄	♄ ⊕ ☉
Sonne Konjunktion Saturn	*Sonne Opposition Saturn*
(aus geozentrischer Sicht)	*(aus geozentrischer Sicht)*

Abb. 16

Wie man sieht, ist bei der Konjunktion Saturn auf der anderen Seite der Sonne (von uns aus gesehen); bei der Opposition ist die Erde zwischen Sonne und Saturn. Hier sehen wir die konjunktionsmäßige «Verschmelzung» der beiden Faktoren Sonne und Saturn einerseits, die von der Opposition symbolisierte «Dualität» andererseits bildhaft veranschaulicht.

Bei einer genauen Konjunktion von Sonne und Saturn (dies wäre natürlich verstärkt, wenn beide sich nicht nur auf der Ekliptik in Konjunktion, sondern auch in der Deklination im Parallelschein befänden) ist der Saturn von der Sonne sozusagen «abgedeckt» und zudem auch noch in Erdferne. Doch wir dürfen nicht annehmen, dass der Saturn deshalb für denjenigen, dessen Geburtsbild diesen Aspekt aufweist, «unwirksam», «lahmgelegt» wäre. Die Saturnkraft ist in jedem Menschen vorhanden, genauso wie der Planet immer existent ist. Bei einer solchen Konjunktion aber kann uns diese Kraft nur «durch die Sonne» erreichen. Man identifiziert sich sehr stark mit Saturn, kann aber oft nicht zwischen dem saturnischen Prinzip und dem wirklichen «Ich» (= Sonne) unterscheiden. Saturn funktioniert hier oft eher unbewusst, oder besser gesagt, man hat oft Schwierigkeiten, sich selbst ohne einen saturnischen Grundton zu erleben, zu erfühlen. Glückt einem die «Verschmelzung», wird Saturn uns helfen, uns zu disziplinieren, ja er verhilft uns sogar zu einer klareren Definition von dem, was wir wirklich sind. Die nicht bewältigte Konjunktion dieser beiden Horoskop-Faktoren kann dazu führen, dass wir uns allzu einseitig mit Saturn identifizieren: Das «Leuchtende», Lebendige in uns wird erstickt, man hat Angst, man selbst zu sein, meint, man müsse immer nach Verhaltensregeln leben, die entweder von anderen oder (auch) von den eigenen starren (Saturn) Vorstellungen stammen.

Die Zeichnung der Oppositionsphase zeigt eine völlig andere Situation: Hier stehen sich (von der Erde aus) Sonne und Saturn gegenüber. Man wird oft gleichzeitig in beide Richtungen gezogen: Selbstdisziplinierung oder Sich-Ausleben, Pflicht oder Freude, Geiz oder Großzügigkeit, nehmen oder geben, ja sogar hassen oder lieben, sterben oder leben: Solche Entscheidungen zwingen sich einem hier auf, falls man noch nicht gelernt hat, die Balance zu finden. Die Bewusstseinsmöglichkeiten der Opposition wurden schon besprochen, und hier bekommt man ein vielleicht etwas plastischeres Bild von der Lage: «Da ist der Saturn, dort drüben, auf der anderen Seite, die Sonne. Jeder sagt mir was anderes. Wird es mir gelingen, die Botschaften beider zu empfangen, zu verstehen, und als Bausteine einer sinnvollen Existenz in mein Leben aufzunehmen?»

Bei der praktischen Deutung einer engen Konjunktion – und dies gilt auch für die Aspekte anderer Harmonic-Reihen, wenn auch in geringerem Maße – ist es extrem wichtig, festzustellen, ob die zwei sich in Konjunktion befindlichen Planeten andersartige Aspekte zu anderen Faktoren bilden. Über einen solchen Aspekt kann sich wahrscheinlich der natürlichste Weg zeigen, wie die der Konjunktion innewohnenden, oft sehr intensiven Kräfte ausgedrückt bzw. angewandt werden können. Das Geburtsbild Albert Einsteins gibt uns hierfür ein sehr schönes Beispiel. Merkur und Saturn stehen im Widder im 10. Haus: Das Denken (Merkur) ist schnell (Widder), will voll bewusst (Haus 10) in neue Bereiche vorstoßen (Widder), geht dabei äußerst diszipliniert vor, befasst sich am liebsten mit Wesentlichem, Tiefsinnigem (ME-1-SA). Beide Planeten stehen außerdem in einer weiten Konjunktion zur Sonne in den Fischen. Damit steht dem Denken ein Reservoir unendlicher Phantasie und grenzenlosen Vorstellungsvermögens zur Verfügung. Doch die «Entäußerung» der Konjunktionskräfte geschieht durch ein Septil, das die Merkur-Saturn-Konjunktion mit Pluto im Stier verbindet: Der wissenschaftliche Forschungsgeist setzt sich auf fast hellfühlende, alles zuvor schon erahnende (Septil) Weise mit den Geheimnissen der materiellen Wirklichkeit auseinander (Pluto in Stier). Die Merkur-Saturn-Konjunktion findet durch das Septil ihr Betätigungsfeld. Nebenbei bemerkt: Dass Einstein sich nicht nur mit dem Denken, sondern praktisch mit seinem ganzen Wesen den «Grenzbereichen» der damaligen Physik widmete, sieht man an Plutos weiterer Aspektierung: Sextil Sonne, Quadrat Jupiter, Trigon Mars, Tetranovil Mond und Quintil MC!

Ein paar Worte müssen an dieser Stelle zu den Konjunktionsphasen zwischen Sonne, Merkur und Venus gesagt werden. Ich wähle als Beispiel eine Konjunktion zwischen Sonne und Venus. Normalerweise berücksichtigt man in der Astrologie nur eine Art von Sonne-Venus-Konjunktion, doch die folgende Zeichnung – aus heliozentrischer (von der Sonne aus gesehener) Sicht – zeigt deutlich, dass zwei völlig verschiedene Sonne-Venus-Konjunktionen möglich sind.

1.	2.
Erde Venus Sonne	Erde Sonne Venus
⊕ ♀ ☉	⊕ ☉ ♀
Untere Sonne-Venus-Konjunktion	*Obere Sonne-Venus-Konjunktion*
Heliozentrisch: Erde-1-VE	*Heliozentrisch: Erde-2-VE*

Abb. 17

Bei der unteren Konjunktion steht Venus zwischen Erde und Sonne, ist also in Erdnähe; bei der oberen Konjunktion ist sie auf der anderen Seite der Sonne, also in Erdferne, wird von der Sonne «abgedeckt». Jeder Schüler der Astrologie weiß, dass Venus und Merkur nie in Opposition zur Sonne stehen können, und zwar weil ihre Bahnen innerhalb der Erdbahn liegen. Aber die zwei Arten der VE-SO Konjunktion stellen doch einen Gegensatz dar, den man durchaus mit den üblichen Konjunktionen und Oppositionen vergleichen könnte. Zeichnung 1 zeigt Venus in Erdnähe, ihr «Einfluss» erreicht die Erde auf direktem Wege; bei 2 steht die Sonne dazwischen: Venus kann sich hier (ähnlich wie bei der schon besprochenen Sonne-Saturn-Konjunktion) nur durch die Sonne manifestieren. Meine Forschungen zu diesem Thema stehen erst am Anfang. Ich meine aber Folgendes beobachtet zu haben: Der Mensch mit Venus in der unteren Konjunktion zur Sonne wird die Venusqualität am deutlichsten zeigen, d.h., es wird in diesem Falle dem Astrologen leichter fallen, diese Eigenschaften in der Persönlichkeit des Betroffenen zu erkennen und für sich zu analysieren. Bei demjenigen, dessen Horoskop die obere Konjunktion aufweist, wird die Venuskraft viel stärker mit der zentralen Persönlichkeit, mit dem «inneren Wesen» des Nativen verbunden sein, wird manchmal sogar ziemlich schwer zu erkennen sein. Allerdings ist die Position der Venus im Verhältnis zur Sonne nur sichtbar, wenn man die heliozentrischen Positionen der Planeten betrachtet. Das heliozentrische System als *Ersatz* für das geozentrische käme für die Astrologie nicht in Frage, da wir uns mit den Menschen befassen, die ja auf der Erde geboren werden. Die heliozentrische Betrachtungsweise kann uns aber wertvolle Zusatzinformationen liefern und hilft uns (wie in diesem Falle) zu sehen, was die tatsächlichen planetarischen Verhältnisse am Tag der Geburt waren.

Harmonic 3

Distanz: 120°
Traditioneller Name: Trigon
Farbe: Blau

Das Trigon wird im Allgemeinen als die «günstigste» Aspektart überhaupt gewürdigt, und die Gründe hierfür sind leicht zu finden, denn dieser Winkel scheint in der Tat oft Begabungen, angenehme Ereignisse, ja sogar das «Glück», wie es von den meisten verstanden wird, zu bringen. Die Planeten, die im Trigon zueinander stehen, genießen eine gewisse Leichtigkeit des Ausdrucks; sie «harmonieren» miteinander und ermöglichen es dem Nativen, die von ihnen symbolisierten Qualitäten problemlos zu verwirklichen. Keine aus wesensmäßigen Gegensätzen auftretenden Spannungen behindern den Ausdruck, noch muss man die Hölle des Zwanghaften durchlaufen, bevor man etwas Konstruktives aus den Kräften machen kann; das Gold liegt hier auf der Straße, man muss sich lediglich bücken, um es aufzuheben. Doch wehe, man versäumt, dies zu tun! Auch ein Mensch, der einen Haufen Gold besitzt, hat keine Chancen, wenn er nicht weiß, wie er es verkaufen kann. Er hält sich womöglich für glücklich, lediglich weil er so viel *hat*, aber es wird der Tag kommen, an dem er erkennt, er habe nichts in seinem Leben aufgebaut, *er selbst* ist nichts geworden. Sein Selbstbewusstsein stützte sich immer nur auf das Gold, aber da er dieses Gold stets in der Außenwelt besaß, kümmerte er sich nicht darum, sich selbst durch ein sinnvolles Leben zu «vergolden». Dies ist die Gefahr des Trigons. Man hat das Gefühl, alles Nötige zu haben, ja auch völlig «in Ordnung» zu sein – und bleibt dabei jahrelang auf derselben Entwicklungsstufe stehen. Denn ein Trigon zwingt uns keine Krisen auf. Schön? Nur bedingt. Angenehm bestenfalls. Das Wort «Krise» bedeutet an sich lediglich «Wendepunkt». Ein Wendepunkt ist fast immer eine schwierige Zeit im Leben. Man wird aufgerufen, mit dem alten Lebensstil, womöglich auch mit veralteten, sinnlos gewordenen Verhaltensmustern zu brechen. Aber mindestens geschieht etwas! Die 2er-Reihe zwingt uns zur Entwicklung, lässt nicht zu, dass wir einfach stehen bleiben und zusehen, während das Leben an uns vorbeigeht. Nicht so das Trigon. Ihm ist es völlig egal, ob wir weitergehen, ob wir handeln. Es gibt uns schöne Geschenke, verspricht uns, wir können alles erreichen, wenn wir nur wollen. Aber wenn wir uns lieber faul hinlegen wollen, um einfach mal abzuwarten, was uns sonst für tolle Geschenke angeboten werden, wird uns das Trigon nicht wachrütteln. Doch diese scheinbare Gleichgültigkeit des Trigons ist keinesfalls bösartig gemeint, im Gegenteil: Sie ist lediglich die Erscheinungsform einer ihm spezifischen Art von Weisheit. Durch die Oberfläche hindurchdringend, um zum wahren Wesen des Trigons zu gelangen, erkennen wir ein Grundprinzip, das zu den Urprinzipien überhaupt gehört und das den Gegensatz des 2er-Prinzips darstellt: das Weibliche.

Bedauernswerterweise muss ich hier meinen Diskurs über das Männliche und Weibliche als Urprinzipien hinter den Aspektreihen 2 und 3 kurz unterbrechen, um einige Gemüter zu beruhigen, deren Reaktion beim Lesen dieser Zeilen ich auf fast hellsichtige Weise erahnen kann. Damit meine ich diejenigen, die sich sofort in eine Schablone gezwängt fühlen, sobald die Begriffe «männlich» und «weiblich» zur Sprache kommen. Es ist zwar nicht meine Absicht, diese esoterischen Prinzipien in all ihren tieferen Bedeutungen erklären zu wollen; dies haben schon viele andere Autoren getan, und zwar mit mehr Beredsamkeit als ich dem Thema zu verleihen wüsste. Doch bevor die vermeintlich Verkannten dieses Buch verachtungsvoll in die Ecke werfen, möchte ich sie beruhigen. «Männlich» und «weiblich» werden von mir allein als Urprinzipien verstanden, die alles Lebende – ja alles, was existiert – durchdringen bzw. beleben. Sie gehören zu den «Begriffen», die lediglich unser Unvermögen tarnen sollen, die wahren Zusammenhänge völlig zu begreifen. Es gibt viele solcher Begriffe, obwohl man sich dessen oft nicht bewusst ist. Der Begriff «Ewigkeit» z.B. ist bestenfalls für uns ein Wort, das einen extrem langen Zeitraum bezeichnet; wir «wissen» ja, dass es ein Synonym für «Unendlichkeit» ist, doch wir können uns in Wirklichkeit nie vorstellen, wie ein unendlich langer Zeitraum wäre. «Zufall» liefert ein noch besseres Beispiel. An sich ist nichts «zufällig», nichts passiert «ohne Grund», Ursachen sind immer vorhanden. Da wir aber nur in den wenigsten Fällen diese Urgründe erkennen können, deckt das Wort «Zufall» unsere Unwissenheit auch hier ab. Lessings Ermahnung: «Das Wort Zufall ist Gotteslästerung» kann als Denkanstoß auch für Konfessionslose dienen. «Männlich» und «weiblich» gehören auch dieser Wortkategorie an, also sei hier formell erklärt: Wenn ich diese Begriffe in den folgenden Ausführungen verwende, will ich auf keinen Fall auch nur andeuten, dass Männer «so» und Frauen «so» zu sein haben. Jeder von uns verkörpert beide dieser Prinzipien!

Die Konjunktion, wie wir gesehen haben, stellte die Einheit dar. Alle Möglichkeiten in sich vereinend, war hier alles gleichzeitig vorhanden, und nichts wollte etwas daran ändern. Doch eines Tages «funkte» es. Ein Impuls entstand, aus dem Ganzen auszubrechen, Abstand zu gewinnen und dieses Ganze objektiv zu betrachten, «bewusst» zu werden. Die Opposition wurde geboren. Diesen Vorgang finden wir bei vielen Völkern auf ihre von der jeweiligen kulturellen Entwicklungsstufe bedingte Weise beschrieben. Allein die Bibel schildert den Vorgang zweimal: der Fall der Engel, des Luzifers, der nach göttlichem Wissen (= Bewusstsein) strebte, und natürlich Adam und Eva, die auch wissensdurstig wurden und am Ende doch daran glauben mussten. In beiden Fällen erfolgte die «Strafe» rasch und ohne Gnade: Verbannung in die Polarität und in die dort vorhandene Welt der «Spannungen» und der damit verbundenen Leiden. Hier ist zwar die ersehnte Bewusstseins-Entwicklung möglich, aber wie bitter müssen wir das oft bezahlen! Doch jetzt entspringt der Einheit wieder eine Kraft, die wie geschaffen scheint, die Schmerzen zu lindern, dem zunächst richtungslosen Impuls eine Richtung zu geben, seine rohe Energie zu veredeln, ihm doch eine Verbindung zum verlorenen Paradies offen zu halten: Das harmonisierende, «gnadenspendende» Trigon betritt die Szene. Wer erkennt hier nicht die Analogie zum Menschlichen?

Als vereinfachte Sinnbilder: Gott (1), Mann (2), Frau (3). Auf abstrakter Ebene: das Ganze; das Männliche; das Weibliche. Aspekte: Konjunktion, Opposition und Trigon.

Als Farbe für das Trigon habe ich Blau gewählt. Ich möchte nicht behaupten, dass hier keine andere Wahl denkbar wäre. Da jedoch wahrscheinlich mindestens 90% der Astrologietätigen schon diese Farbe hierfür benutzen, sehe ich wenig Sinn darin, zu einer möglichen Verwirrung der Mehrheit durch den Gebrauch einer anderen Farbe beizutragen.

Harmonic 4

Distanz: 90°
Traditioneller Name: Quadrat
Farbe: Rot

Mit dem Quadrat erreichen wir ein Harmonic, das keine neue Qualität darstellt, sondern als «nächster Verwandter» einer schon vorgestellten Reihe gelten muss: 4 = 2 x 2, ein (vollständiges) Quadrat ist, wie die Zeichnung auf Seite 25 verdeutlicht, das Ergebnis zweier Oppositionen, deren Achsen im 90° Abstand zueinander stehen. Die Spannung der Opposition ist tatsächlich auch hier vorhanden, obwohl deren «polares Gegensätzliche» beim Quadrat fehlt. Einige Autoren meinen, das Quadrat sei noch spannungsreicher als die Opposition, da bei der positiven Bewältigung des 2. Harmonics die Möglichkeit einer Ergänzung der zwei beteiligten Planeten bestehe, während dies beim 4. Harmonic nicht der Fall sei. Das Quadrat zeigt in der Tat oft Probleme, die nur sehr schwer zu lösen sind, doch die dadurch entstandenen Energien können bei bewusster Lebensführung zu außergewöhnlichen Leistungen führen. Ohne starke Aspekte der 2er-Reihe (wozu auch das 4. und 8. Harmonic gehören) fehlt oft die Spannkraft im Leben des Individuums, die unerlässlich für das konkrete Wirken in der realen Welt ist. Eine oft vertretene Meinung über Quadrate besagt, diese seien auf jeden Fall «stärker» als Trigone. Diese Ansicht teile ich überhaupt nicht, und sehe hier ein Missverständnis. Es ist zwar wahr, dass das Quadrat sich oft sichtbarer als das Trigon manifestiert. Das ist nur natürlich, da die Energien des Quadrats nach außen drängen, während die Energien des Trigons leichter und deshalb für den Durchschnittsmenschen weniger wahrnehmbar «fließen». Doch nehmen wir ein Beispiel, um das Ganze zu verdeutlichen. zwei Kinder, eines ist zwillingsbetont, also eher nach außen gerichtet, das andere skorpion- und jungfraubetont, und darum introvertierter. Das Zwillings-Kind redet ständig, springt nur so in der Gegend umher, macht sich also bei allen Leuten und bei jeder Gelegenheit bemerkbar. Das Skorpion-Jungfrau-Kind redet wenig, ist eher verschlossen, manchmal merkt man kaum, dass es da ist. Wäre es aber nicht unsinnig, zu behaupten, das Zwillings-Kind sei deshalb «stärker» als das andere? Wo ausgerechnet Skorpione für ihre konzentrierte, innere Stärke bekannt sind! Hier will ich natürlich nicht andeuten, es gebe einen Zusammenhang zwischen diesen Tierkreiszeichen und dem 3. bzw. 4. Harmonic. Ich gebe lediglich ein Beispiel dafür, dass «Stärke» und «Bemerkbarkeit» keineswegs Synonyme sind. Nein, das Quadrat ist nicht unbedingt «stärker» als das Trigon, es ist lediglich gespannter, «vorlauter», also eher auffällig. Trigon und Quadrat sind beide starke Aspekte, es unterscheidet sich nur die Art der Stärke. Wenn wir davon ausgehen, die Konjunktion sei der kräftigste Aspekt, die Opposition an zweiter Stelle usw., müsste das Trigon – natürlich auf seine Weise – noch stärker als das Quadrat sein!

Bil Tierney ist der Meinung, beim Quadrat *«besteht hier sowohl das Problem der Hemmung , als auch des übertriebenen Ausagierens»* (Tierney 2005, S. 40). Er sagt, man versuche oft die Energien eines Quadrats im frühen Leben zu verdrängen. Später treten sie anlässlich von (von ihnen selbst ausgelösten?) Lebenskrisen um so stärker in den Vordergrund. Dann muss man versuchen, den Ausdruck der Kräfte in einer gesunden Balance zu halten. Auch betont er, dass das Quadrat uns wie kaum ein anderer Aspekt zwingt, uns mit konfliktreichen Situationen auseinanderzusetzen. Diese könne man eventuell nur durch direkte Konfrontation lösen, «denn Quadrate sind hemmungslos» (ebda., S. 39). Sie sollen zuweilen unsere ganze Aufmerksamkeit verlangen. Hier wird nicht zugelassen, dass wir vor unseren Problemen davonlaufen: Ähnlich wie bei der Opposition werden sie uns solange verfolgen, bis wir unsere Bereitschaft erklärt haben, an diesen unseren «Problemzonen» zu arbeiten. Doch auch dann werden sie uns mit Problemen konfrontieren, nur damit wir das Leben nicht allzu leicht nehmen! Was sie «verdammt noch mal» von uns wollen? Uns lehren, dass die größten Schritte im menschlichen Entwicklungsprozess durch die Energien ermöglicht werden, die durch Krisen und Konflikte freigesetzt werden. Quadrate, wie auch die anderen Aspekte der 2er-Reihe, erscheinen uns wahrhaftig nicht immer in angenehmer Gestalt. Doch sie geben uns die Kraft, uns zu entwickeln, und die Widerstandsfähigkeit, damit wir uns in dieser Welt behaupten können. Entschließen wir uns also, das Beste aus diesen Energien zu machen. Das ist jedenfalls die vernünftigste Einstellung zu Quadraturen, da sie uns sowieso keine Ruhe geben werden!

Harmonic 5

Distanz: 72° bzw. 144°
Traditioneller Name: Quintil bzw. Biquintil
Farbe: Gelb

Bei diesem Harmonic erreichen wir den ersten Aspekt, der von der Tradition fast gänzlich vernachlässigt wurde, wohl hauptsächlich aus Unkenntnis seiner Aussagekraft. Da das Quintil für den Leser wohl wenig bekannt ist, möchte ich zunächst die Meinungen bekannter Astrologen angeben, die sich auch in der Praxis mit diesem Aspekt beschäftigen.

John Addey glaubte, das Quintil habe mit dem Gebrauch oder Missbrauch von Macht und Autorität zu tun; auch, dass es mit einer Tendenz zu tun habe, sehr einseitig und extrem motiviert in einem spezialisierten Tätigkeitsfeld zu sein (Addey 1976, S. 109 und S. 126). In ihrer destruktiven Form scheinen Quintile in den

Geburtsbildern von Verbrechern, Opfern von Gewalt, Sozialrevolutionären (Robespierre, Danton) und Diktatoren (Hitler) markant zu sein. Positiv tritt es bei Schriftstellern, inspirierten Künstlern (Mozart) und Wissenschaftlern (Einstein) auf.

Nach gewissen esoterischen Autoren hat das Quintil mit «der kreativen Seelenübereinstimmung mit dem kosmischen Willen» zu tun. Ich überlasse es dem Leser, diese Deutung zu entschlüsseln. Okkulte, transzendentale Untertöne werden jedoch oft dem Quintil zugeschrieben. Bil Tierney, aus dessen Buch *Dynamik der Aspektanalyse* ich diese Zusammenfassung verschiedener Meinungen über das Quintil zum Teil entnommen habe, meint seinerseits dazu: *«Vielleicht soll dies bedeuten, dass Quintile im Geburtshoroskop ihr spirituelles, universales Potenzial nur dann verwirklichen können, wenn wir uns darum bemüht haben, mehr Selbsterkenntnis zu erlangen. Bei einem Menschen, der sich der Realität seiner spirituellen Identität noch nicht bewusst ist, bleibt das Quintil entweder im Verborgenen und unwirksam oder es könnte in unkontrollierter, zwanghafter und falscher Weise aktiviert werden»* (Tierney 2005, S. 70).

Tierney gibt auch einige der numerologischen Entsprechungen der Zahl 5 an: Freiheit, Forschung, Abenteuer, Unruhe, Experiment, Abwechslung, das Fehlen einer Routine oder Systems, und ein Hang zur Befriedigung der Sinne im Allgemeinen, auch sexuelle Anziehung und erotische Aktivität (ebda., S. 71). Addey behauptet sogar: *«Das 5. Harmonic gibt Hinweise auf sexuelle Neigungen und Perversionen»* (Addey 1976, S. 111). Esoterische Numerologie betrachtet die Zahl 5 als Symbol für den inneren Kampf, der in uns stattfinden muss, wenn wir die fünf Sinne zügeln wollen, um die Beherrschung, die sie über uns haben, zu transzendieren. Bezüglich der Sinne meinte Addey, das Quintil könne unter Umständen auf «... eine Behinderung der Fähigkeiten, die mit der Vermittlung von Wissen zu tun haben, z.B. nervliche Störungen, Hörschäden, und Defekte der Sinnesorgane überhaupt (z.B. Blindheit)» hinweisen (Addey 1975, S. 30). Eine allgemeine Meinung über Quintile ist, dass sie ungewöhnliche Fähigkeiten anzeigen, zum Beispiel Kreativität, Genie, außergewöhnliche Einsicht und geistiges Künstlertum. Sie symbolisieren die Macht, zu schaffen oder zu zerstören; welche dieser beiden Möglichkeiten beim Individuum zur Geltung kommt, ist wohl eine Frage des geistig/spirituellen Niveaus.

Dane Rudhyar sagt vom Quintil: *«Wenn die Ebene des Quintils erreicht ist, ist nicht mehr die geistlose Weitergabe von Lebensformen wichtig, sondern das Ausschöpfen des wahrhaft menschlichen Potenzials, welches den bewussten menschlichen Schöpfungen innewohnt»* (Rudhyar 2007, S. 145). Mit anderen Worten, Quintile befähigen uns, (geistige) Form zu schaffen, auf eine Weise, die am besten den archetypischen Zweck dieser Form wiederspiegelt. Im okkulten Sinne wird dies zur Übung in der geistigen Transmutation; es symbolisiert eine Entwicklungsphase, in der der Geist auf alchimistische Weise eingesetzt werden kann.

Quintile scheinen potentielle Fähigkeiten zu beschreiben, die normalerweise als Begabungen angesehen werden; d.h. solche, die offensichtlich nicht durch Entwicklungsschübe der äußeren Umgebung bedingt worden sind. Stattdessen entspringen sie einer tieferen, inneren Quelle. Ein Vorschlag, um Quintile produktiv zu aktivieren, geht dahin, zu verstehen und zu akzeptieren, dass Geist («*mind*») und Materie im Grunde genommen dasselbe sind. Quintile geben vielleicht eine erweiterte gedankliche Wahrnehmung derjenigen Elemente eines abstrakten Begriffes oder konkreten Objekts wieder, die den primären kreativen Wert darstellen. Quintile verlangen unter Umständen, dass wir Technik, mit anderen Worten die Fähigkeit der Ausführung, entwickeln und verfeinern, bevor wir den Aspekt zufriedenstellend anwenden können. Deshalb bleibt das Quintil oft latent.

Um den Unterschied zwischen dem Quintil und den schon besprochenen Aspekten zu verdeutlichen, gehen wir zu unserer «Symbolkette» zurück: die Einheit (1), das Männliche (2), das Weibliche (3). Mit der Zahl 5 haben wir eine neue Ebene erreicht, doch sie müsste Ausdruck und logische Folgerung des Bisherigen zugleich sein. Ich würde das sinnbildlich so beschreiben: Mann und Frau «kennen» sich, aus der Paarung entsteht das

Kind – Ausdruck der Liebe, d.h., des Verlangens eines Paares, durch «Verschmelzung» zum glückseligen Zustand der Einheit (1) zurückzukehren. «Kind» ist hier natürlich vor allem als Symbol zu betrachten, Sinnbild für das vom Menschen Geschaffene, sei dies Konkretes oder aber nur geistig Erdachtes. Auf künstlerischer Ebene z.B. zeigt dieser Aspekt den Wunsch, etwas «Individuelles» zu schaffen. Im Allgemeinen könnte man sagen, das Quintil repräsentiert den Drang des Menschen, dem Leben seinen persönlichen «Stempel» aufzudrücken, d.h. etwas zu schaffen, was von ihm selbst stammt, aber ihn auf jeden Fall überleben sollte.

Doch Sehnsucht und Geist des Menschen können auch Ungeheueres erschaffen: Zerstörung statt Aufbau, Hass statt Liebe, Wahnideen statt künstlerischer Visionen. Hier sehen wir die Erklärung der allgemeinen Ansicht über Quintile, dass sie Kreativität oder deren Gegenteil, Destruktivität gleich Zerstörung, anzeigen können. Die Praxis scheint dies zu bestätigen. So sind Quintile die vorherrschenden Aspekte in den Horoskopen von Wolfgang Amadeus Mozart und Adolf Hitler! Bei Mozart eine nahezu unbegrenzte musikalische Schaffenskraft und Begabung, bei Hitler die vor nichts zurückschreckenden Zerstörungstendenzen. Interessant ist es allerdings, festzustellen, dass im Grunde genommen beide Seiten des Quintils bei beiden Persönlichkeiten vorhanden waren. So finden wir bei Mozart in seinem Privatleben unverkennbare selbstzerstörerische Züge; bei Hitler nicht nur seine frühen künstlerischen Bestrebungen, sondern auch den späteren Wunsch, ein «Großdeutsches Reich» zu schaffen. Beim Quintil liegen Kreativität und Destruktivität, geistige Schaffenskraft und Zerstörung wahrhaftig eng beieinander.

Als Farbe für das Quintil verwende ich gelb. Diese Wahl erfolgt nicht aus «esoterischen» Gründen: Es scheint mir lediglich so, dass die positivste Möglichkeit des Quintils – d.h., dessen kreatives Potential – durch die «Sonnenfarbe» Gelb gut verdeutlicht werden kann. Gold wäre zwar nach dieser Logik wesentlich sinnvoller, doch die Wirklichkeit ist oft gnadenlos: Goldfarbene Buntstifte sind nämlich gar nicht so leicht zu finden!

Harmonic 6

Distanz: 60°
Traditioneller Name: Sextil
Farbe: Blaurot

Beim Sextil treffen wir zum ersten Mal einen Aspekt, der eine «Mischung» zweier uns schon bekannter Aspekte darstellt: 3 x 2 = 6. Im Sextil sind Möglichkeiten der 3er- und 2er-Reihe gleichzeitig vorhanden. Diese Tatsache darf jedoch nicht zur Verwechslung mit dem Quintil verführen. Beim 5. Harmonic hatten wir das Ergebnis des «Zeugungswillens» (auf allen Ebenen gemeint) von 2 und 3; sie verschmolzen miteinander und erreichten dadurch eine höhere Stufe: Der Mensch übte erstmals seine Fähigkeit aus, selbst schöpferisch zu sein. Beim Sextil ist zwar ein solcher Sprung auf die nächste Ebene noch nicht getan, das will aber nicht heißen, dass dieser Aspekt zur Kreativität nichts beizutragen hat. Im Gegenteil, ausgerechnet das gleichzeitige Vorhandensein von 2 und 3 – männlich/weiblich, Spannung/Harmonie – kann zur gegenseitigen Anregung führen. Die oft zwar zur Untätigkeit neigende, doch im Grunde «harmonische» 3 bekommt hier von 2 die nötige Spannkraft, um in dieser Welt den Erfolg zu suchen; die oft in nervenzerreißender, letztendlich fruchtloser Überaktivität sich verlierende 2 bekommt von der 3 eine Richtung angezeigt, kann endlich die Energien sinnvoll – auf ein würdiges Ziel gerichtet – lenken. Dies erklärt, warum das Sextil oft in Bezug auf geistige Tätigkeiten als äußerst günstig angesehen wird, sogar noch günstiger als das Trigon. Passivität und Aktivität halten sich die Waage, Extreme können besser vermieden werden, man weiß, es gibt eine Zeit zu handeln und eine Zeit zu ruhen bzw. um über das schon Geschaffene nachzudenken. Solche Eigenschaften sind für den Denker – aber bei Weitem nicht nur für ihn – von größtem Nutzen.

Es gibt natürlich auch andere Aspekte, die denselben «Grundcharakter» aufweisen, beispielsweise die der 12. (2 x 2 x 3),

18. (2 x 3 x 3) oder 36. (2 x 2 x 3 x 3) Harmonic-Reihe. Ich persönlich bin der Meinung, man kann anhand der größten beteiligten Zahl bestimmen, welches der zwei Prinzipien überwiegt (2 oder 3): Demnach wäre das Sextil überwiegend als harmonisch zu bewerten, da die Zahl 3 größer als 2 ist. Halbsextil oder Quincunx (Harmonic 12) sind eher spannungsgeladen, da zwölf das Ergebnis von 2 x 2 (4) x 3 ist; hier hat die «Spannungszahl» 4 die Vorherrschaft.

Als Farbe für Aspekte dieser Reihe verwende ich Blau und Rot, um die Verwandtschaft mit 2 und 3 zu veranschaulichen. Dass hier traditionsgemäß nur blau (wie beim Trigon) im Allgemeinen verwendet wird, halte ich für irreführend, weil blau allein die innere Spannung, die beim Sextil auch vorhanden ist, nicht berücksichtigt. (Wenn man allerdings das Horoskop mit dem Computer berechnet und ausdruckt, anstatt es per Hand zu zeichnen, wird man sich mit einer einfarbigen blauen Linie fürs Sextil zufrieden geben müssen, da die Programme normalerweise keine zweifarbigen Aspektlinien zulassen.)

Harmonic 7

Distanz: 51°26', 102°52', 154°17'
Traditionelle Namen: Septil, Biseptil, Triseptil
Farbe: grün

Wie beim Quintil möchte ich beim noch weniger bekannten Septil mit einer Zusammenfassung der wichtigsten Erkenntnisse über den Aspekt beginnen. Wieder habe ich als Hauptquelle der Zusammenfassung Bil Tierneys «*Dynamische Aspektanalyse*» verwendet. Meine persönlichen Meinungen bzw. Forschungsergebnisse runden diesen Teil ab.

Die Zahl 7 ist seit alters her mit dem Prinzip des Heiligen in Verbindung gebracht worden. Sie hat mit Selbsterkenntnis, Analyse des Inneren und der Suche nach dem Sinn bzw. der

Weisheit zu tun. Sie ist eine Zahl, die uns drängt, die tiefere Essenz der Wirklichkeit zu erforschen. Sieben ist die Zahl der Meditation, des Nachsinnens, der Einsamkeit und der Isolation. Sie neigt dazu, in einem «jenseitigen» Bereich für sich zu bleiben. Sieben ist nicht sehr gesellig, und scheint am besten in der Einsamkeit zu wirken.

John Addeys Forschung deutete an, dass diese Harmonic-Reihe die Fähigkeit des Menschen symbolisiert, Inspiration (Eingebungen, Erleuchtung) zu empfangen. Er sagte, das Septil bezeichne *«die Fähigkeit, die geheimnisvolle Einheit hinter und jenseits der einzelnen Teile eines Gegenstandes wahrzunehmen»* (Addey 1976, S. 121). Addey fand die Aspekte dieser Reihe sehr betont in den Horoskopen von Pfarrern oder bei *«denen, die in der Gesellschaft eine priesterliche Funktion ausüben»* (ebd., S 62). Wie die Quintil-Familie ist die der Septile auch oft in den Geburtsbildern von schöpferischen Künstlern zu finden. Eine weitere Gemeinsamkeit mit den Quintilen fand Addey im Bereich des Sexuellen: Während freilich die 5er-Reihe eher mit dem sexuellen *Verhalten* zu tun hat, gibt das 7. Harmonic Hinweise auf die Phantasien bzw. die erotische *Inspiration* (ebda., S. 120). Tierney sieht hier eine Verbindung zwischen Septilen und der Sublimation sexueller Energien, von der man lange vermutete, sie sei eine Vorbedingung für künstlerisches Schaffen (Tierney 2005, S. 75).

Es mag sein, dass die Septil-Reihe einen Bezug zu Inspiration überhaupt hat: einerseits die Fähigkeit, einen besonderen Einblick in andere, subtile Ebenen der Realität zu gewinnen, andererseits eine Offenheit für Eindrücke, die aus diesen anderen Bereichen stammen. Ob das, was wir als «Inspiration» bezeichnen, seine Wurzeln im Unbewussten des Individuums hat, oder ob es eher «Einflüsterungen» von Wesen anderer Sphären darstellt, ist eine Frage, die man vielleicht gar nicht so allgemein beantworten kann; ich überlasse diese Beurteilung dem Leser.

Dane Rudhyar verbindet in seinem Buch *Person-Centered Astrology* das Septil mit *«Handlungen, die keine Zustimmung finden seitens der gesellschaftlich-kulturellen Verhaltensnormen, die von Umgebung oder Sozialschicht des Nativen diktiert werden.»* Er schlug folgende Deutung vor: *«In einem überpersönlichen Sinne, als Handlungen oder Geschehnisse, die von einem kollektiven Bedürfnis, einer okkulten Kraft oder dem Schicksal erzwungen werden; diese können zu einem «Opfer» und einem symbolischen Leben führen»* (Rudhyar 1985, S. 167). Doris Thompson drückte es ein bisschen anders aus: *«eine schicksalhafte Unvermeidbarkeit mit der zwanghaften Neigung zu bestimmten Handlungen; eine unbekannte Kraft, deren Ursprung im Verborgenen bleibt»* (Thompson 1975, S. 17). Delphine Jay meint, Septile *«... tragen eine schicksalhafte Färbung, die gewissen Situationen entspringen, deren Bedeutung scheinbar jenseits des Alltäglichen liegt. Diese Färbung führt zu einer inneren, bewusstseinserweiternden Auseinandersetzung, die den Nativen zwingt, jenseits des Offensichtlichen zu suchen»* (Jay 1976, S. 7). Die Septil-Reihe hat ihr zufolge *«eine natürliche Neigung zum Okkulten, Psychischen oder Mystischen»* (ebda., S. 7).

Offensichtlich haben wir es hier mit einer Ebene zu tun, die sehr viel subtiler als die bisherigen Zahlen 2, 3 und 5 zu sein scheint. Wie weit wir uns doch vom einfachen «Spannungs/Harmonie-Bereich» der 2 und 3 entfernt haben!

Ich habe mich in den letzten Jahren ganz besonders mit der 7. Reihe befasst, wohl weil sie das bei Weitem stärkste Harmonic in meinem eigenen Horoskop darstellt. Die Tendenzen, von denen andere Autoren reden, sind zweifellos mit dem Septil verbunden, doch nach der Untersuchung vieler «septilstarker» Geburtsbilder bin ich zu dem Ergebnis gekommen, dass auch diese Reihe ihre negativen Seiten hat. Ganz so erhaben, wie die meisten andeuten, wird ein Septil nur bei Individuen höheren menschlichen Niveaus auftreten: Es birgt, wie alle anderen Aspekte, auch einige ihm spezifische Gefahren in sich. Fangen wir mit diesen möglichen «negativen» Auswirkungen an.

Ein Mensch, dessen Radix starke Aspekte der Septilreihe aufweist (7., 14., 21. Harmonics usw.), läuft oft Gefahr, den Kontakt zur diesseitigen Wirklichkeit ganz zu verlieren, falls nicht irgendwelche Aspekte anderer Harmonic-Reihen ihn am Boden der Realität halten. Er verliert sich in seinen Phantasien, kümmert sich wenig um andere oder darum, was für konkrete Leistungen er während seines Erdendaseins vollbringen könnte. Er spürt, alles ist vergänglich; der Mensch wird sowieso nur 70 oder 80 Jahre hier verbringen müssen, also: Warum sollte ich mich besonders anstrengen? Doch diese passive Haltung unterscheidet sich wesentlich von der des 3. Harmonics. Bei Überbetonung des Trigons ist man bezüglich einer echten Entwicklung zwar faul, aber irgendwie ist doch «alles in Ordnung». Beim Septil sieht das anders aus; die vielen Phantasien, in deren Welt man sich verliert, sagen einem, dass auf der realen Ebene überhaupt nichts in Ordnung sei: «Wie schön es doch wäre, wenn ...!» Dies kann umso problematischer sein angesichts einer Wesenseigenschaft des Septils, die sowohl bei dessen positiven wie auch negativen Auswirkungsformen vorkommt: eine psychische Offenheit für Kräfte und Phänomene, die jenseits unserer irdischen Realität ihren Ursprung haben. Ob man an solche Phänomene «glaubt» oder nicht, kann hier sogar von entscheidender Bedeutung sein, denn wenn man sich weigert, das «Jenseitige» anzuerkennen, wird es sich trotzdem melden, und man kann unter Umständen sogar anfangen, an seinem eigenen Verstand zu zweifeln. Die Psyche spült dann allerlei wundersame Inhalte nach oben, und zwar oft solche, die viel zu «real» erscheinen, als dass wir sie als «Phantastereien» abtun könnten. Es gibt nur einen Weg, um mit Septilen «fertig zu werden»: Akzeptieren, dass es diese feineren Ebenen der Wirklichkeit gibt, und offen sein für das, was sie uns mitzuteilen versuchen. Wenn dieser Schritt getan wird und wenn man gar anfängt, mit der eigenen «Septilhaftigkeit» zu arbeiten – was für Schätze entdeckt man dann! Ein allgemeiner Verfeinerungsprozess beginnt, man wird immer «hellfühlender», und zwar im folgenden Sinne:

Man merkt allmählich, dass man im Laufe der Zeit die tieferen Hintergründe der Ereignisse in seinem Leben auf fast mystische Weise versteht. Es ist, als ob man «wüsste», warum einem dies oder jenes passiert. Man hört auf, anderen für Fehlschläge im seinem Leben die Schuld zu geben, da man intuitiv fühlt: «Dies ist *mein* Leben, ich habe die Verantwortung, mein Schicksal liegt in mir. Alles hat einen Sinn, und diesen werde ich erkennen, wenn ich nur ernsthaft danach suche.» Bloße Worte können nie zur Genüge das Wunderbare an diesem Gefühl vermitteln; man muss es schon selbst erlebt haben. Konkret lässt sich jedenfalls sagen, dass Septile eine ganz besondere Art von Feinfühligkeit vermitteln. Dies muss nicht zur Hellsichtigkeit führen, doch der septilbetonte Mensch kann eine allgemeine Verfeinerung seiner Wahrnehmung erreichen, sofern er diese Energien zu verstehen und entwickeln weiß. Wer das nicht tut, wird im Septil eher einen subtilen Feind haben, der ständig versucht, einen in eine Scheinwelt eigener Phantasien und unerklärlicher, vom Jenseits stammender Bilder zu verhaften. «Erkenntnis der verborgenen Zusammenhänge» möge als Stichwort für diesen gänzlich zu Unrecht vernachlässigten Aspekt dienen. Im 4. Kapitel werden anhand septilbetonter Geburtsbilder praktische Deutungsbeispiele des 7. Harmonics gegeben.

Als Farbe für die Septile verwende ich grün; diese Farbe scheint mir gut geeignet, um das «Übersinnliche» des Septils hervorzuheben, obwohl das natürlich nur meine persönliche Meinung darstellt.

Harmonic 8

Distanz: 45° oder 135°
Traditionelle Namen: Halbquadrat bzw. Anderthalbquadrat
Farbe: Rot

Mit dem 8. Harmonic haben wir die «dritte Generation» der 2er-Reihe erreicht: 8 ist 2 hoch 3. So enthält dieser Aspekt die spannungsvolle, aktive Grundqualität, die auch beim Quadrat und bei der Opposition vorhanden ist. Die Vermutung liegt natürlich nahe, dass sich das 8. Harmonic normalerweise nur etwa halb so stark wie das Quadrat zeigt. In der Praxis scheint diese

Annahme jedenfalls oft gerechtfertigt. Es ist öfters der Versuch unternommen worden, diesen Aspekten eine ihnen spezifische Bedeutung zu geben. So schreiben Dane und Leyla Rudhyar in ihrem hervorragenden Buch *Astrologische Aspekte* Folgendes: «*Das Quadrat bedeutet die Konkretisierung von Ideen, das Halbquadrat deren Propagierung.*» (Rudhyar 2007, S. 170). Diese Definition mag auf theoretisch-philosophischer Ebene durchaus zutreffen, ist aber bei der praktischen Arbeit schwer anwendbar. Um Aspekte des 8. Harmonics bei der Interpretation individueller Geburtsbilder zu verstehen, soll man sie meines Erachtens einfach als «subtilere Manifestationen» der schon beim Quadrat und bei der Opposition besprochenen «2er-Qualität» betrachten.

Diese Aspekte erweisen sich in jenen Fällen als besonders stark, wo sie als Teil eines ganzen, in sich geschlossenen «2er-Bildes» auftreten, wie beispielsweise im Geburtsbild von Albert Schweitzer (siehe Seite 104), wo die Venus im Halb- bzw. Anderthalbquadrat zum Jupiter und zum Neptun steht, wobei Letztere zueinander eine Opposition bilden. Hier gibt es einen äußerst regen Energieaustausch zwischen den beteiligten Planeten, und das ansonsten schwächere Halb- bzw. Anderthalbquadrat gewinnt zusätzlich an Bedeutung.

Die zu verwendende Farbe ist natürlich rot, wie beim 2. und 4. Harmonic.

Harmonic 9

Distanzen: 40°, 80°, 160°
Traditionelle Namen: Novil, Binovil, Tetranovil
Farbe: Blau

3 x 3 ergibt 9, wir haben es hier also mit einem Aspekt zu tun, der wesensgemäß dem Trigon am nächsten verwandt ist. Das 9. Harmonic hat an sich genau dieselbe Qualität wie das 3. Harmonic, ist aber wesentlich «schwächer», will heißen, «weniger be-

merkbar». Es erreicht normalerweise erst dann eine besondere Stärke, wenn es in Verbindung mit anderen Aspekten, vor allem denen der 3er-Reihe auftritt. Im vierten und fünften Kapitel, wo Technik und Deutung der «Harmonic-Horoskope» besprochen werden, gehe ich näher auf mögliche Besonderheiten des 9. Harmonics ein.

Harmonic 10

Distanzen: 36°, 108°
Traditionelle Namen: Dezil, Tridezil
Farbe: Gelb-rot-gelb (oder nur gelb,
falls man das Horoskop mit dem Computer ausdruckt)

Beim 10. Harmonic kommen wir zu zwei Aspekten, die ähnlich dem Sextil zwei verschiedene Grundqualitäten in sich vereinen: 10 = 5 x 2. Wir haben es also mit einer Kombination aus Quintil und Opposition zu tun, anstelle der sextil-spezifischen Trigon-Opposition-Mischung. Wie das Quintil sind Dezil bzw. Tridezil sehr kreative Aspekte, die aber potentiell auch die Kehrseite der Kreativität – sprich Zerstörungswille – enthalten. Hinzugefügt ist hier die 2er-Qualität, wodurch das 10. Harmonic gegenüber dem 5. an Spannung gewinnt. Wie viele der «kleineren Aspekte», kommen auch diese erst in geschlossenen Aspektbildern richtig zur Geltung (siehe auch das Kapitel «Wie deutet man ein Harmonic-Horoskop?», Beispiele 2 und 3, Mozart und Hitler).

Ich persönlich zeichne nur die Aspektlinien bis zum 9. Harmonic in die Horoskopbilder hinein. Es kann aber vorkommen, dass man für einen Menschen, dessen Geburtsbild in einem höheren Harmonic besonders «stark» ist, ein zusätzliches Aspektbild anfertigen möchte, worin allein die Aspekte einer einzigen Reihe vorkommen. In diesem Fall würde man einen Aspekt des 10. Harmonics mit einem gelb-roten Strich darstellen.

Harmonic 11

Distanzen: 32°44', 65°27', 98°11', 130°55, 163°38'
Name: Undezil
Farbe: Dunkelviolett

Über das Wesen dieser Aspektreihe ist bis heute so gut wie nichts bekannt, was als zuverlässig gelten könnte. In seinem Buch *Harmonics in Astrology*, schreibt John Addey, dass die Zahl elf mit «Exzess» (Unmäßigkeit, Ausschweifung) zu tun haben könnte (Addey 1976, S. 134). Freilich kann das kaum eine Beschreibung der tieferen Bedeutung dieses Aspektes sein, sondern wird bestenfalls eine ungefähre Annäherung an eine seiner möglichen Auswirkungsformen sein. Meine eigenen Forschungen über die Aspekte der 11er-Reihe sind noch im Anfangsstadium, und es wäre deshalb vermessen, eine präzise Interpretation ihrer Natur geben zu wollen. Nichtsdestoweniger möchte ich dem Lernenden das Wenige mitteilen, was ich bis zum jetzigen Zeitpunkt über diese Aspekte gedacht habe bzw. meine, herausgefunden zu haben.

Zuerst das «Konkrete». Es ist mir mehrmals aufgefallen, dass Aspekte der 11er-Reihe bei «Todeskonstellationen» zu finden sind. Dies ist natürlich bei Weitem nicht immer der Fall, doch bei gewissen Horoskopen meiner Sammlung, die für die genaue Todeszeit eines Menschen gestellt wurden, tauchen mehrere zu dieser Aspektfamilie gehörende Winkel auf. Bei den Radixbildern scheint hier auch eine Beziehung zu sein, wenngleich nicht in dem Sinne, dass jemand, dessen Geburtshoroskop viele 11er-Aspekte aufweist, deswegen etwa früher sterben wird. Ich habe im Moment ein Radix vor mir, das einer jungen Medizinstudentin meines Bekanntschaftskreises gehört. Soweit es die anderen Aspektreihen betrifft, ist hier nicht viel zu finden, doch an Winkeln des 11. Harmonics fehlt es wahrhaftig nicht. Eine Auflistung ergibt: MO-11-PL, VE-11-NE, MA-11-PL, SO-11-SA, MO-11-JU, ME-11-SA, ME-11-UR, JU-11-SA und JU-11-UR. Als das Mädchen, damals erst neunzehn und am Anfang ihres

Studiums, die erste menschliche Leiche sezieren musste, wurde ihr keinesfalls schlecht – im Gegenteil, sie fand es höchst interessant und erzählte später ihren Bekannten mit wissenschaftlicher Begeisterung davon. Könnte man vermuten, dass das 11. Harmonic einem eine gewisse Unerschrockenheit im Anblick des Todes verleiht? Winston Churchill, der trotz der deutschen Übermacht entschlossen war, so lange zu kämpfen, bis nicht nur England von der deutschen Bedrohung befreit, sondern Nazi-Deutschland endgültig besiegt war, hatte eine starke Konstellation im 11. Harmonic: Sonne, Mond und Pluto sind alle durch Aspekte dieser Familie verbunden.

Vielleicht sollten wir versuchen, die Primzahlen ab 11 zu analysieren, indem wir die bisherigen genau anschauen; fangen wir hierbei mit fünf an: Wenn fünf die Kreativität darstellt, und sieben die Inspiration hinter dieser Kreativität, die das Ergebnis eines normalerweise unbewussten Kontakts zu den jenseitigen Bereichen ist, könnte 11 dann nicht vielleicht noch ein Schritt weiter in die Verfeinerung hineinreichen und den im vorgeburtlichen Jenseitsbereich zu suchenden «Urgrund» für die Inkarnation eines Menschen darstellen? Das würde die Beziehung von 11 mit dem Tod teilweise erklären, denn wer einen starken (obwohl natürlich unbewussten) Kontakt zu vorgeburtlichen Existenzbereichen hat, fühlt sich vom Gedanken an den Tod nicht erschreckt, sondern empfindet unter Umständen sogar eine Sehnsucht danach. Betrachten wir dieselben drei Primzahlen ein zweites Mal und beschränken uns jetzt auf deren mögliche negative Erscheinungsformen, so wäre folgende Steigerung denkbar: destruktive Einstellung bzw. Verhaltensweise (5), die daraus resultierende psychische Zersetzung (7), und schließlich die letzte (irdische) Konsequenz: der Tod (11) im schlimmsten Sinne, d.h. als Ende eines im Grunde sinnlosen Lebens. Schauen wir jede Primzahl (außer 1 – die Einheit) ab 2 an, und zwar in Bezug auf ihre jeweiligen möglichen «Geschlechtszugehörigkeiten», so ergibt sich folgendes Bild: 2 männlich; 3 weiblich; 5 männlich; 7 weiblich; 11 männlich. Ist dies tatsächlich ein gültiger Ausgangspunkt für weitere Spekulationen über die Natur des 11. Harmonics? Nur weitere Forschung wird es uns vielleicht eines Tages ermöglichen, diese und andere Fragen über diese noch fast unbekannte Aspektreihe zufriedenstellend zu beantworten.

Als Farbe verwende ich dunkelviolett. Wer lieber eine andere Farbe benutzen möchte, muss auf jeden Fall eine wählen, die bei den anderen Harmonic-Reihen noch nicht vorkam, da mit der elf eine neue Primzahl-Reihe beginnt.

Harmonic 12

Distanzen: 30° bzw. 150°
Traditionelle Namen: Halbsextil, Quincunx

Wohl keine Aspekte haben in den letzten Jahren in der Gunst der Astrologen einen so raschen Aufstieg erlebt wie das Halbsextil und sein sogar noch populärer gewordener Bruder, das Quincunx. Mal als äußerst problematisch, mal als «doch nicht so schlimm» dargestellt, gibt es inzwischen von Alan Epstein sogar ein ganzes Buch über diese Aspekte des 12. Harmonics. Dem Lernenden steht also reichlich Studienmaterial zur Verfügung. An dieser Stelle möchte ich lediglich auf den zahlenmäßigen Ursprung dieser Reihe hinweisen. 12 = 2 x 2 x 3 oder einfach 4 x 3. Das 12. Harmonic verbindet also Qualitäten der 2er- und 3er-Reihen. Der wesentliche Unterschied zum Sextil besteht allerdings darin, dass hier die 2er-Eigenschaften überwiegen. Eine gewisse Leichtigkeit des Ausdrucks (3) ist vorhanden, doch die aktiven Energien sind stärker. Eine genaue Kenntnis der Eigenschaften von 2 und 3 ermöglicht das Verständnis des 12. Harmonics am besten. Die Betrachtung der für diesen Aspekt spezifischen Phasen – 30° bzw. 150° nach der Konjunktion im ersten Halbzyklus, dieselben Distanzen nach der Opposition im zweiten Halbzyklus – runden die Deutung ab. Hierzu ist die schon bestehende und zum Teil im Anhang aufgeführte Fachliteratur nützlich.

Andere Harmonics

Neue Aspektreihen (beginnend mit dem 13. Harmonic) werden in diesem Werk nicht behandelt. Hierfür müsste noch viel mehr geforscht werden. Doch auch wenn wir über höhere Primzahlreihen noch sehr wenig wissen, soll das nicht heißen, dass überhaupt alle höheren Zahlenreihen uns rätselhaft bleiben müssen. So ist beispielsweise das 14. Harmonic bedeutungsmäßig relativ leicht zu entschlüsseln, wenn wir uns die Zusammensetzung der Zahl 14 vergegenwärtigen: 14 = 7 x 2, diese Aspekte enthalten also eine Kombination der Qualitäten von Septil und Opposition, oder, praktisch ausgelegt, das «Mystisch-Verfeinernde» des Septils bekommt eine aktive, womöglich nach außen gerichtete Note. Ähnlich geht man beim 15. Harmonic (5 x 3) vor: Das Quintilhafte nimmt passivere (3) Gestalt an. Das potentiell Zerstörerische des Aspekts wird abgeschwächt, dafür bekommen etwaige künstlerische Bestrebungen größere Leichtigkeit des Ausdrucks, falls man nicht durch das vorhandene 3er-Prinzip zu allzu großer Passivität – sprich Faulheit – verführt wird.

Beim 27. Harmonic (3 x 3 x 3) haben wir das Prinzip der 3 in Reinform: 27 = 3 hoch 3. Sicherlich eine sehr subtile Aspektreihe, doch sie kann in gewissen Fällen zu Feinheiten der Deutung führen, die sonst nicht erreicht werden könnten. Dies ist allgemein bei den höheren Harmonics der Fall. Als konkretes Beispiel führe ich das 49. Harmonic an, das zusammen mit anderen Aspekten der 7er-Reihe in meinem eigenen Radix ausgeprägt ist. Merkur und Uranus stehen im Quadrat zueinander im Radix, mit einer reellen Distanz von 88°11'. Das 7er-Horoskop (diese Technik wird im 3. Kapitel erläutert) zeigt die zwei Planeten im Septil zueinander, was auf eine Konjunktion im 49. Harmonic hinweist. Leicht verständlich ausgedrückt: Wenn man von meiner Uranus-Position (2°20' Löwe) ein Polygon mit 49 gleichlangen Seiten zeichnen würde, würde Merkur ziemlich genau an einer dieser 49 Ecken stehen. Merkur und Uranus sind zwar im Quadrat, schnelle Reaktionen, rasches, originelles Denken, aber auch die mögliche Gefahr nervlicher Überreizung sind vorhanden. Da der beim Quadrat zulässige Orbis hier eine Überschneidung mit einer höheren Harmonic-Reihe verursacht, kann diese Deutung präzisiert werden: Die äußerst aktiven Denkprozesse (ME-4-UR) suchen sich unter Umständen einen Tätigkeitsbereich aus, der dem 7. Harmonic (49 = 7 x 7) entspricht. In meinem Falle trifft dies in starkem Maße zu; ich war immer von den durch 7 symbolisierten Bereichen (s. Seite 64) fasziniert und beschäftige mich heute mit dem Versuch, einige der «Geheimnisse des Jenseitigen» vor allem durch meine astrologische Tätigkeit zu enthüllen. Durch die Erforschung der höheren Harmonics ist uns also ein Weg gezeigt, auch einem «schon längst ausgedeuteten» Horoskop neue Informationen zu entlocken. Doch mehr darüber im nächsten Kapitel.

Bevor wir nun zur Technik des «Harmonic-Charts» übergehen, die uns eine Möglichkeit an die Hand geben wird, noch etwas tiefer in den Bereich der Aspektdeutung einzudringen, möchte ich zusammenfassend eine kurze Liste der wichtigsten Bedeutungen der Aspekte der ersten zwölf Harmonics geben.

1. Harmonic: Einheit; hier sind alle Möglichkeiten enthalten. Das Verschmelzen der Kräfte.
2. Harmonic: Dualität, Spannung. «Auseinanderstreben» der Kräfte, aber auch Möglichkeit der Bewusstmachung. Energiegeladen, aktiv-tätig; Gelingen durch Handeln.
3. Harmonic: Harmonie, Gelingen durch Passivität, durch «Abwarten». Unbehindertes «Fließen» der Kräfte.
4. Harmonic: Spannung, Konflikt. Kräfte lassen sich schwer vereinbaren. Voller Energie, doch Gefahr der Überaktivität.
5. Harmonic: Kreativität oder deren Gegenteil, Zerstörungswille. Der Drang, selbst schöpferisch zu sein, um dadurch den ersten Schritt zur Transzendenz des Irdisch-Menschlichen zu machen.

6. Harmonic: Harmonie plus Aktivität, deshalb sehr konstruktiv.
7. Harmonic: «Hineinfühlen» in andere, normalerweise nicht mit den Sinnen wahrnehmbare Ebenen der Wirklichkeit. Phantasie. Kontakt zum Übersinnlichen oder zu tief in der Psyche begrabenen Inhalten. Allgemeine Verfeinerung, bei Nicht-Bewältigung aber Gefahr der Geisteskrankheit, da man mit dem Wahrgenommenen psychisch nicht fertig wird. «Schicksalhaftigkeit» bzw. Ereignisse, deren Urgründe so sehr im Verborgenen liegen (in «anderen Leben»?), dass eine «logische Erklärung» oft unmöglich ist.
8. Harmonic: «Kleinere» Spannungen (siehe 2, 4); möglicherweise Ventil für Energien der Oppositionen und Quadraturen.
9. Harmonic: «Kleinere» Harmonie (siehe 3). Laut David Hamblin «Freude, Glück und Friede».
10. Harmonic: Quintil + Opposition: Kreativität oder Zerstörungswille erhalten einen «Tätigkeitsschub»: deshalb Drang zur konkreten Verwirklichung der Quintil-Eigenschaften.
11. Harmonic: Exzesse; mit dem Thema «Tod» verwandt (Deutungen spekulativ).
12. Harmonic: Dem 6. Harmonic ähnlich, doch hier überwiegt das Spannungsmoment.

Im Allgemeinen wird man sich bei der Interpretation mit dem Radix-Horoskop und mit den Horoskopen von uns besonders Nahestehenden begnügen. Doch in gewissen Fällen ist es wünschenswert, sich etwas intensiver mit einem einzelnen Bild zu befassen. Wer würde beispielsweise die Gelegenheit nicht begrüßen, dem eigenen Horoskop, das man längst gut zu kennen glaubt, noch mehr Informationen zu entlocken? Oder wenn gewisse Tendenzen, die die Person «X» im Leben tatsächlich zeigt, scheinbar nicht in ihrem Horoskop zu sehen sind – wäre es nicht eine willkommene Hilfe, eine Methode zur Hand zu haben, die es einem ermöglicht, auch verborgene Eigenschaften ans Licht zu bringen? Mit dem «Harmonic-Chart» ist eine solche Möglichkeit gegeben.

Um das Prinzip des Harmonic-Horoskops zu verstehen, ist der Vergleich mit einem Mikroskop angebracht. Ein Mikroskop versetzt uns in die Lage, Dinge wahrzunehmen, die für das bloße Auge unsichtbar sind. Dabei können wir verschiedene Stärkeeinstellungen zu Hilfe nehmen, je nachdem, wie sehr wir mit unserer Untersuchung ins Detail gehen wollen. Mit dem Harmonic-Chart verhält es sich ähnlich: Wir können die Strukturen einer einzelnen Aspektreihe «vergrößern», können zum Beispiel durch ein Zusatzhoroskop nur die «Septilhaftigkeit» eines Menschen überprüfen, um somit sein Wesen allein in Bezug auf diese Ebene zu untersuchen. Natürlich wird das Radix dabei immer im Mittelpunkt einer ausführlichen Deutung bleiben. Wie töricht wäre es, bei der Betrachtung der hundertfach vergrößerten Struktur eines Käferrückens zu vergessen, dass man nur einen Teil des ganzen Käfers sieht! So haben wir verschiedene «Vergrößerungen», unterschiedliche «Linsen», um die feineren Strukturen eines Geburtsbildes zu analysieren: Jede Zahl (außer eins, da diese dem Radix selbst entspräche) kann als Faktor genommen werden, um die dadurch symbolisierte Ebene der Realität näher ans Licht zu rücken.

Diese Technik wurde seit langer Zeit, wenn auch in beschränkter Form, von gewissen indischen Astrologierichtungen benutzt. Auch der renommierte deutsche Kosmobiologe, Reinhold Ebertin, befürwortete die Arbeit mit dem «90°-Kreis», der im Grunde genommen nichts anderes ist als das 4. Harmonic-Chart. Erst der englische Astrologe John Addey hat jedoch auf die volle Bedeutung des Harmonic-Charts für die Zukunft der Astrologie hingewiesen. Sein Buch *Harmonics in Astrology*, Ergebnis langjähriger Forschungsarbeit auf dem Gebiet der Aspekttheorie, gilt seit der Veröffentlichung 1976 als bahnbrechendes Werk der Fachliteratur.

Harmonic-Horoskope

In diesem Kapitel wird erklärt, was «Harmonic-Horoskope» oder «Harmonic-Charts» sind, wie man sie selbst anhand eines schon berechneten Radix-Horoskopes erstellen kann, und schließlich, wie sie zu verstehen bzw. zu deuten sind. Lassen Sie sich nicht von den vielen Berechnungen abschrecken: Wenn man die Vorgehensweise erst einmal verstanden hat, sind Harmonic-Charts viel leichter zu berechnen als Radix-Horoskope!

Es gibt drei Arten, die Berechnungsweise des Harmonic-Horoskops darzustellen. Später werden wir der dritten hier vorgestellten Weise den Vorzug geben, doch die erste, die in der indischen Astrologie propagiert wird, hilft uns zunächst, das Prinzip bildhaft darzustellen. Für jede Betrachtungsweise nehmen wir das 4. Harmonic als Beispiel.

Der innere Kreis zeigt die zwölf Tierkreiszeichen, wie wir sie beim Horoskop schon kennen. Aber außen sehen wir, dass die Reihenfolge der Tierkreiszeichen *viermal* vorkommt, in jedem 90-Grad-Abschnitt erscheinen alle zwölf Zeichen, haben jedoch nur ein Viertel ihrer «normalen» Größe.

Wir haben also die Reihenfolge der Zeichen durch den Faktor «4» verkleinert, und alle vier «Tierkreise» in den Kreis hineingezeichnet. Nehmen wir nun mal an, der Mars wäre 0° Widder, der Jupiter 0° Krebs im Radixhoroskop. Was wären ihre jeweiligen Positionen im «4er-Horoskop»? Wie man in den außenstehenden Zeichen leicht sehen kann, wäre Mars im 4. Harmonic immer noch 0° Widder, und Jupiter stünde in diesem «Zusatzhoroskop»

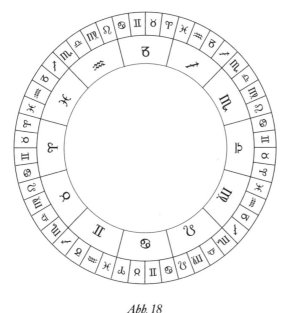

Abb. 18

auch 0° Widder; die zwei Planeten wären also im 4. Harmonic in Konjunktion.

Ein anderes Beispiel: Radix: Sonne 15° Stier, Mond 15° Skorpion, Saturn 17° Wassermann, Mars 16° Stier. Im 4. Harmonic sind die neuen Positionen: Sonne 0° Waage, Mars 4° Waage, Mond 0° Waage, Saturn 8° Waage. Hierdurch erkennen wir: *Planeten, die im Radix in Konjunktion, Quadrat oder Opposition zueinander stehen, sind im 4. Harmonic-Chart alle in Konjunktion miteinander.*

Ein weiteres Beispiel: Mond 10° Zwilling, Venus 5° Krebs, Jupiter 25° Widder, Neptun 17°30' Skorpion. Die Radix-Aspekte untereinander wären also: MO-8-JU, MO-16-NE, VE-5-JU, JU-16-NE. Es wäre natürlich etwas schwierig, die 16er-Aspekte im Radix zu sichten. Das 4. Harmonic-Chart macht es uns aber sehr viel leichter. Hier sind nämlich die Positionen folgende: Mond 10° Steinbock, Venus 20° Widder, Jupiter 10° Krebs, Neptun 10° Waage. Aspekte: MO-2-JU, MO-4-NE, JU-4-NE. Das VE-5-JU des Radix ist hier als solches nicht sichtbar, da das 4. Harmonic hauptsächlich die Aspekte, die mit der Zahl 4 verwandt sind – also diejenigen der 2er-Reihe – hervorhebt. Der Mond-Jupiter-Aspekt aus dem Radix erscheint hier in vierfacher Vergrößerung, also als Opposition statt als Halbquadrat: 8 (Radix-Aspekt) / 4 (Harmonic-Zahl des neuen Horoskops) = 2 (MO-JU-Aspekt im neuen Horoskop). Ähnlich verhält es sich mit den anderen Aspekten des Radix, z.B. JU-16-NE, das nun als JU-4-NE erscheint: 16 (Radix Aspekt) / 4 (Zahl des Harmonic-Charts) = 4 (Aspekt der zwei Planeten im Harmonic-Chart).

Wenn wir vom Harmonic-Chart als Ausgangspunkt ausgehen, rechnen wir folgendermaßen: Harmonic-Zahl des Aspekts im Harmonic-Chart *mal* Harmonic-Zahl des Charts = Harmonic-Zahl des Aspektes im Radix. Halb- bzw. Anderthalbquadrate (8er-Aspekte) im 4. Harmonic-Chart weisen hiernach darauf hin, dass die betreffenden Planeten im Radix im 32er-Aspekt zueinander stehen: 8 (Harmonic-Zahl des Aspektes im neuen Horoskop) *mal* 4 (Harmonic-Zahl des neuen Charts selbst) = 32.

Es wäre wirklich schwierig, solche «kleinen Aspekte» im Radix allein, also ohne die Hilfe des Harmonic-Charts ausfindig zu machen.

Ein Wort über die Zeichen in den Harmonic-Charts: Diese sind _nicht_ als Zeichen zu deuten, sie haben mit den normalen Tierkreiszeichen überhaupt nichts gemein! Ein Beispiel verdeutlicht es. Ein Planet, der im 5. Harmonic-Chart im 0° Widder steht, könnte im dazugehörigen Radix in irgendeinem von fünf möglichen Graden stehen: 0° Widder, 12° Zwilling, 24° Löwe, 6° Skorpion, oder 18° Steinbock. Das «0° Widder» des 5. Harmonic-Horoskops bedeutet deshalb gar nichts Zeichenspezifisches. **Die Zeichen in einem Harmonic-Chart dienen lediglich dem Zweck, die Positionen der Planeten im neuen Kreis feststellen zu können!** Damit will ich nicht sagen, dass die Zeichen des

Harmonic-Charts überhaupt keine Bedeutung haben *könnten*. Vielleicht wird die Forschung uns eines Tages in die Lage versetzen, zu wissen, was z.B. das Widderzeichen im 5. Harmonic wirklich bedeutet. Aber jedes Zeichen eines jeden Harmonic-Charts müsste dann eine spezifische Bedeutung haben, die mit unseren Tierkreiszeichen wahrscheinlich überhaupt nichts gemein hätte. **Versuchen Sie also nicht, im Harmonic-Bild die Planeten in ihren «neuen» Zeichen zu deuten: Nur die Faktoren im Radix-Horoskop sind in den Zeichen zu interpretieren. Im Harmonic-Horoskop dagegen SIND NUR DIE ASPEKTE WICHTIG und nur diese werden betrachtet!**

Wir könnten auf gleiche Weise vorgehen, wenn wir z.B. ein Horoskop für das 7. Harmonic stellen wollten, um die Stärke der Septil-Reihe beim Individuum zu untersuchen. Hierfür müssten wir lediglich den Kreis in sieben «verkleinerte Tierkreise» statt in vier teilen. In einem solchen Horoskop würden dann alle im Radix vorhandenen Septile als Konjunktionen erscheinen, alle 14er-Aspekte des Radix als Oppositionen (14 / 7 = 2), alle 21er-Aspekte als Trigone: 3 (Aspektzahl im 7er-Horoskop) *mal* 7 (Harmonic-Zahl des neuen Charts) ergibt 21 (Harmonic-Zahl des Aspektes im Radix).

Es wird dem Leser aber wahrscheinlich schon aufgefallen sein, dass es mit der eben beschriebenen Berechnungsweise des neuen Harmonic-Horoskops gar nicht immer so leicht wäre, die Positionen genau zu bestimmen: Wenn wir sieben «Tierkreise» so sehr verkleinert haben, dass sie in einen einzigen Kreis passen, ist es nahezu unmöglich, die präzisen Positionen (mit Grad und Minute) zu sehen. Eine andere Berechnungsmethode muss her!

Reinhold Ebertin hat das Problem beim 4. Harmonic, das er als «90°-Kreis» bezeichnet, folgendermaßen gelöst: Das neue Horoskopformular enthält keine Tierkreiszeichen, sondern nur Gradmarkierungen, und zwar von 0° bis 90°; diese Markierungen werden gleichmäßig über den Kreis verteilt.

Die Umrechnung vom Radixhoroskop zum «90°-Kreis» ist denkbar einfach. Im Radix wird 0° eines jeden Kardinalzeichens

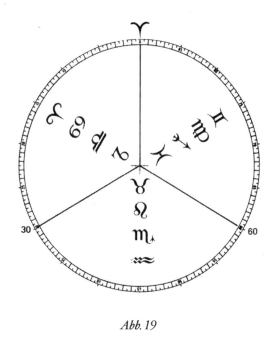

Abb. 19

(Widder, Krebs, Waage und Steinbock) mit 0° des 90°-Kreises gleichgesetzt. Hat jemand also einen Planeten 5° Steinbock, wird dieser beim 5ten Grad des 90°-Kreises gezeichnet. Die Anfänge der fixen Zeichen entsprechen 30° des neuen Kreises, 0° der labilen Zeichen sind beim 60. Grad des 90°-Kreises zu zeichnen. Zum Beispiel: Wenn irgendein Planet bei 15° eines labilen Zeichens steht, wäre seine Position im 90°-Kreis 60° (Anfangspunkt der labilen Zeichen) plus 15°, also bei 75° im neuen 90°-Kreis. Diese Methode lässt sich zwar gut anwenden, wenn man die entsprechenden Formulare besitzt (und diese sind meines Wissens für 90° und 30° erhältlich, also für das 4. wie auch das 12. Harmonic). Was soll man aber machen, wenn man für andere Zahlen, z.B. 5, 6 oder 7 ein Harmonic-Chart erstellen möchte? Man müsste, wenn man diese Methode zur Berechnung benutzt, ein neues Formular für jede Harmonic-Reihe entwerfen, also z.B. für die oben erwähnten Zahlen 5, 6, 7, entsprechend 72°-, 60°- und 51° 25' 42.8"-Kreise. Es wäre auch unter Umständen schwierig, in diesen neuen Horoskopen kleinere Aspekte zu orten, da man sich bei jeder Zahl auf eine andere gradmäßige Einteilung des Kreises einstellen müsste. Glücklicherweise gibt es hier eine Alternative zur Berechnung eines Harmonic-Horoskops, die die ganze Sache wesentlich erleichtert. Kommen wir also zur dritten Methode.

Bei dieser Vorgehensweise geht man ganz einfach davon aus, dass das Harmonic-Chart die Radixpositionen der Planeten **mal** (X) eine gewisse Harmonic-Zahl darstellt. Bei den schon erwähnten Methoden war dies natürlich auch der Fall: Zwei Planeten, die im Radixhoroskop im Quadrat zueinander standen (Distanz von 90°), hatten im neuen Horoskop eine Distanz von 360° oder (weil es sich hier um einen Kreis handelte), 0°. 90° x 4 (Zahl des Harmonic-Charts) = 360° oder 0°. **Alle Planetendistanzen werden also einfach mit 4 multipliziert.** Im 5er-Horoskop erfolgt die Multiplikation mit 5, im 7er-Horoskop mit 7 usw.

Die Berechnung

Der leichteste Weg, an die Positionen der Planeten in verschiedenen Harmonic-Horoskopen zu kommen, wäre es, diese per Computer berechnen zu lassen. Unser Programm *Omnicycles* erledigt diese Aufgabe schnell und zuverlässig. Wer aber selbst die Berechnungen vornehmen will, um die Berechnungsweise der Harmonic-Charts besser zu verstehen, benötigt nur Papier, Stift und einen gewöhnlichen Taschenrechner. Im folgenden wird beschrieben, wie man die Positionen in einem beliebigen Harmonic-Chart ermitteln kann. Als Beispiel nehmen wir das 5. Harmonic und das folgende Radixhoroskop.

Die Zwischenhäuserspitzen finden beim Harmonic-Horoskop

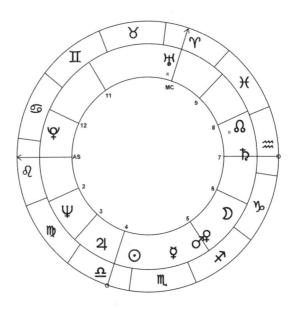

Abb. 20:
Sigrid, geb. am 23. Oktober 1933, 23:29 MEZ, Stuttgart.
48N47, 9E11 Radix-Positionen

keine Verwendung, und Aszendent und Himmelsmitte (MC) werden beim neuen Horoskop, wenn überhaupt, dann nur als einzelne Faktoren, niemals als Achsen dargestellt.

Der erste Schritt ist die Umwandlung von sämtlichen Positionen des Radixhoroskops in Dezimalzahlen (statt Bogenminuten und Sekunden), d.h. die Gradzahlen werden in Positionen des 360°-Kreises umgerechnet. Machen wir die nötigen Umrechnungen Schritt für Schritt am Beispiel der Radix Sonne.

1. Schritt:

Umwandlung der Gradangabe in die entsprechende Gradzahl des 360° Kreises. Dabei hilft uns die folgende Tabelle:

DIE BERECHNUNG

Tierkreisposition	360° Position
0° Widder	0°
0° Stier	30°
0° Zwillinge	60°
0° Krebs	90°
0° Löwe	120°
0° Jungfrau	150°
0° Waage	180°
0° Skorpion	210°
0° Schütze	240°
0° Steinbock	270°
0° Wassermann	300°
0° Fische	330°

Alles wird hier also von 0° Widder aus gerechnet. Demonstrieren wir einmal die Umrechnung am Beispiel von Sonne und Mond im obigen Horoskop.

Sonne 0°04' Skorpion	0° Skorpion in der Tabelle entspricht 210°, die die neue Gradangabe der Sonne für das Berechnen des Harmonic-Charts sein wird. (Minuten und Sekunden rechnen wir später.)
Mond 3° 45' 48" Steinbock	0° Steinbock wäre 270°; das plus die 3° ergibt 273°, die neue Gradangabe für Mond.

Auf diese Weise werden alle Tierkreis-Gradangaben umgewandelt.

2. Schritt:

Für den nächsten Schritt benötigen wir einen Taschenrechner, um die Minuten und Sekunden in Dezimalangaben umzurechnen. Dies wird folgendermaßen gemacht:
Sonne 210° 04' 10": Zuerst die Sekunden (falls diese vorhanden sind) durch 60 teilen. 10/60 = 0,16666; dann addieren wir die Anzahl der Minuten: 0,16666 + 4 = 4,16666; zuletzt wird diese Zahl ihrerseits durch 60 geteilt: 4,16666 / 60 = 0,06944. Dazu wird die Gradangabe (360°Position) addiert, und wir haben das Ergebnis, die Dezimal-Position der Sonne ist also: Sonne: 210,06944.

Machen wir dies nun für den Mond.
Mond 273° 45' 48": 48 (Sekunden)/60 = 0,8; 0,8 + 45 (Minuten) = 45,8; diese Zahl wieder durch 60: 45,8/60 = 0,76333; dazu die Gradzahl addieren, und wir haben als Mondposition: Mond: 273,76333

Schreiben wir die zwei neuen Positionen auf und führen wir die Umrechnung auch für die anderen Planeten durch, so erhalten wir folgende Liste:

Sonne: 210,06944	Jupiter: 189,3833
Mond: 273,76333	Saturn: 309,7833
Merkur: 233,4333	Uranus: 25,2166
Venus: 254,6333	Neptun: 161,65
Mars: 250,4166	Pluto: 114,7666
Knoten: 325,2333	AC: 127,95
MC: 19,33	

Es bleibt zu erwähnen, dass AC und MC *nur bedingt* beim Harmonic-Chart Verwendung finden, und zwar nur dann, wenn die angegebene Geburtszeit als sehr präzis zu betrachten ist.

DIE BERECHNUNG

Da die Aspektdistanzen in den Harmonic-Charts multipliziert werden, würde zum Beispiel eine Geburtszeit, die nur um vier Minuten «falsch» ist (was eine eingradige Verschiebung des MC im Radix bedeuten würde), zu einer Verzerrung von 7° im 7. Harmonic-Chart führen. Da nur die wenigsten Geburtszeiten minutengenau angegeben werden, halte ich es für ratsam, bei den Harmonic-Horoskopen lediglich die Planeten zu berücksichtigen. Auch so erhält man eine Fülle von neuen Deutungsmöglichkeiten.

Die obigen, neu ermittelten Dezimalangaben der Planetenpositionen werden wir nun bei der Berechnung aller gewünschten Harmonic-Charts verwenden; es empfiehlt sich also, die Dezimallisten, die man bereits angefertigt hat, gut aufzuheben.

3. Schritt

Jetzt wollen wir die Positionen der Planeten im 4. Harmonic berechnen. Als Beispiel nehmen wir die Sonne, die bei 210,06944° steht. Die Formeln lauten:

1. Planetenposition (210,06944) x Harmonic-Zahl
(in diesem Fall: 4)
210,06944 x 4 = 840,2777
2. Falls das letzte Ergebnis größer ist als 360:
Ergebnis/360
840,2777/360 = 2,3341
(Wenn das Ergebnis von Schritt 1 *weniger* als 360 wäre, würde man Schritte 2 und 3 weglassen.)
3. Ergebnis (2) *minus* die ganze Zahl vor dem Komma:
2,3341 – 2 = 0,3341
4. Ergebnis (3) x 360
0.3341 x 360 = 120,2777

Die neue Sonnenposition ist also:

120,2777 Grad

Jetzt wird diese Zahl wieder in eine Tierkreisposition umgewandelt:

120° entspricht (siehe Tabelle Seite 85) 0° Löwe

0,2777 x 60 = 16,662, also 16.662 Bogenminuten
0,662 x 60 = 39,72, also 39,7 Sekunden (werden auf 40" aufgerundet)
Die Position der Sonne im 4. Harmonic-Chart ist also:
0˙16'40" Löwe.

Wir wiederholen dasselbe noch einmal mit der Venus.
Venus im Radix: 14° 38' Schütze, dezimal 254,6333.
1. Venusposition x Harmonic-Zahl:
   254,6333 x 4 = 1018,5332
2. Ergebnis (1), da größer als 360, durch 360 teilen:
   1018,5332/360 = 2,82925
3. Ergebnis (2) *minus* die ganze Zahl vor dem Komma:
   2.82925 − 2 = 0,82925
4. Ergebnis (3) *x* 360: 0,82925 x 360 = 298,5332°

Die Venusposition (dezimal) im 4. Harmonic ist also 298,5332; diese wird jetzt in eine Tierkreisposition verwandelt:
   298° entspricht 28° Steinbock
   0,5332 x 60 = 31,992, also 31 Minuten
   0,992 x 60 = 59,52 Sekunden, die auf 60", also eine Minute, aufgerundet werden dürfen.

Die Venus wird in das neue 4. Harmonic-Chart auf 28°32' Steinbock eingetragen.

Bei Uranus ist die Umrechnung leicht, da Schritte 2 bis 4 entfallen:
Uranus-Radix 25°13' Widder, also dezimal 25,2166
1. Uranusposition *x* Harmonic-Zahl:
   25,2166 x 4 = 100,8664;
   diese ist weniger als 360, Schritte 2 bis 4 entfallen, und wir müssen nur die Tierkreisposition finden.
   100° entspricht 10° Krebs
0,8664 x 60 = 51,984 Minuten; 0,984 x 60 = 59 Sekunden

DIE BERECHNUNG

Die Uranusposition im 4. Harmonic-Chart ist: 10°51'59" Krebs.

In der Regel können die Sekundenangaben vernachlässigt werden. Die restlichen Planeten werden auf dieselbe Weise für das 4. Harmonic-Chart umgerechnet. Bei der Umrechnung für ein anderes Harmonic-Chart wird ganz einfach dessen Harmonic-Zahl – statt 4 wie in unserem Beispiel – verwendet.

Es folgt eine computerberechnete Liste mit den Positionen der Horoskop-Faktoren in den ersten acht Harmonic-Charts, und zwar für unser Beispielshoroskop Sigrid.

Sigrid, geboren am 23.10.1933, 23:28:36 Uhr, Stuttgart, 48°N47' 9°E11'

	2	3	4	5	6	7	8
o 00Sc04	00Ge08	00Cp12	00Le17	00Pi21	00Li25	00Ta29	00Sg33
Io 03Cp46	07Li30	11Cn16	15Ar02	18Cp46	22Li32	26Cn18	00Ta04
le 23Sc26	16Cn52	10Vi19	03Sc45	27Ge11	20Aq37	14Li04	07Ge30
e 14Sg38	29Le16	13Ta54	28Cp32	13Li11	27Ge48	12Pi26	27Sc05
Ia 10Sg24	20Le48	01Ta13	11Cp37	22Vi01	02Ge25	12Aq49	23Li14
09Li23	18Ar45	18Li09	07Ta31	16Sc54	16Ta18	05Sg40	15Ge04
a 09Aq46	19Sg33	19Li11	19Vi17	18Cn53	18Ta41	18Ar17	18Aq14
r 15Ar13	11Ta16	15Ge38	11Cn51	16Le15	11Vi18	16Vi31	11Li44
Ie 11Vi38	13Aq18	14Le56	16Cp35	18Ge15	19Sg53	11Ta31	13Sc11
l 14Cn45	19Sc31	14Pi18	19Cn14	13Sc51	18Aq36	13Ge11	18Li19
Io 16Aq11	11Cp11	18Sg31	14Sc41	11Li51	17Vi11	13Le11	19Ge11
S 17Le56	15Sg53	13Ar51	11Vi47	19Cp44	17Ta41	15Vi37	13Aq34
IC 19Ar43	19Ta17	19Ta11	18Ge55	18Cn39	18Cn13	18Le17	17Vi51

Haben Sie die restlichen Positionen für das 4. Harmonic richtig berechnet? Dann wollen wir das Bild zeichnen!

Wenn ich die Harmonic-Charts per Hand zeichne, verwende ich als Formular ein Blatt mit fünf kleinen, aufgedruckten Horoskop-Kreisen. So kann man auf einem Blatt fünf verschiedene Harmonic-Charts zeichnen, und man bekommt sofort einen Überblick über die besonderen Merkmale von fünf Zahlen-Reihen. (Ich wähle normalerweise das 4., 5., 7., 9., und 11. Harmonic für entsprechende Horoskopzeichnungen.) Wenn man allerdings die Horoskope mit dem Computer ausdruckt (was bei den meisten Lesern der Fall sein wird), wird man in der Regel nur ein Harmonic-Chart per Blatt ausdrucken können.

Falls wir keine vorgefertigten Formulare besitzen (und das Horoskop nicht per Computer, sondern per Hand zeichnen möchten), zeichnen wir zuerst die Tierkreiszeichen ins Formular. Hierbei wird das Zeichen Widder immer links gezeichnet; der Aszendent erscheint später lediglich als ein Punkt «A», ähnlich wie bei der Ebertin-Schule. Wenn alle Zeichen entgegen dem Uhrzeigersinn gezeichnet worden sind, tragen wir die Planeten ein, genauso wie dies beim Radix üblich ist. Dazu werden die Aspektlinien der Planeten untereinander farbig dargestellt; man benutzt alle Aspekte, die beim Radix üblich sind.

Das fertige 4. Harmonic-Horoskop sieht dann wie in der Abbildung Seite 91 aus.

Schauen wir uns das Bild an und vergleichen wir es mit dem auf Seite 84 gedruckten Radixbild.

Das Radix hatte drei Quadrate, die jetzt (hierbei werden nur die oben besprochenen Orben verwendet!) als Konjunktionen erscheinen: UR-4-PL, MA-4-NE, und VE-4-NE. Die Sonne-Uranus-Opposition würde hier auch als Konjunktion erscheinen, da aber der Orbis – 4° 51' – nicht sehr eng war, «wanderten» die zwei Planeten bei der Multiplikation mal 4 weit auseinander: Die Distanz von Sonne zu Uranus beträgt im 4. Harmonic 19° 14', ist also nicht als Konjunktion zu werten. Hier sehen wir einen ersten Nutzen des Harmonic-Charts – es zeigt uns sofort, welche Aspekte (sowohl der 1er-Reihe als auch Konjunktionen) im Radix besonders eng sind. Pluto und Uranus, zum Beispiel, sind im 4er-Bild in enger Konjunktion, was darauf hinweist,

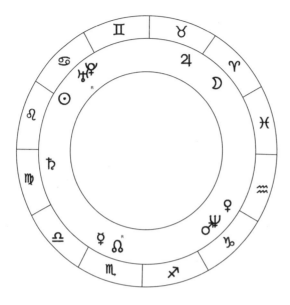

Abb. 21:
Sigrid – 4. Harmonic

dass dieses Planetenpaar im Radix entweder auch in enger Konjunktion oder in Opposition oder Quadrat standen. Ein Blick aufs Radix zeigt, dass der Aspekt ein Quadrat war, und zwar mit nur 1° 18' Orbis.

Aber es gibt im 4er-Bild auch Verbindungen zwischen Planeten, die im Radix keine (sichtbaren) Aspekte hatten. Der Mond ist im 4. Harmonic im Quadrat zu Neptun. In unserer Radixzeichnung sahen wir keinen Aspekt zwischen diesen zwei Faktoren, aber das 4er-Bild klärt uns auf: Das Quadrat im 4. Harmonic weist darauf hin, dass Mond und Neptun im Radix einen Aspekt des 16. Harmonics hatten, also einen «kleinen Spannungsaspekt». Wir erinnern uns an folgende Formel: Harmonic-Zahl des Aspekts im Harmonic-Chart MAL Harmonic-Zahl des

Harmonic-Charts GLEICH Harmonic-Zahl des Aspekts im Radix, also hier 4 x 4 = 16. Sowohl Merkur und Jupiter wie auch Sonne und Venus sind im 4er-Bild in Opposition, was uns zeigt, dass diese Paare im 8er-Aspekt im Radix waren. Das beweist ein Blick auf die Radix-Zeichnung sogleich: 1 (Zahl des Aspektes im Harmonic-Chart) MAL 4 (Zahl des Harmonic-Charts) ergibt 8 (Aspektzahl im Radix). So hat Mars, der im Radix in Anderthalbquadraten (8) zu Uranus und Pluto stand, in unserem 4. Harmonic-Horoskop Oppositionen zu diesen zwei Planeten. Das Radix JU-3-SA ist auch hier als Trigon zu erkennen. Saturn und Pluto stehen im 4. Harmonic in Sextil zueinander, was uns verrät, dass sie im Aspekt des 14. Harmonics beim Radix verbunden waren: 6 (Sextil) x 4 (Zahl des Harmonic-Charts) = 24. Dieser Aspekt, den wir normalerweise mit dem Radix allein völlig übersehen hätten, hat den Charakter von 1 und 3, da 8 (2 x 2 x 2) x 3 = 24. Das Mond-Saturn-Biquintil im 4er-Bild weist auf eine Verbindung des 11. Harmonics im Radix. (5 x 4 = 20). So werden Radixverbindungen durch das 4er-Bild aufgedeckt, die wir mit dem Radix-Horoskop allein völlig übersehen hätten. Beim 4. Harmonic-Horoskop finden wir natürlich in erster Linie die Aspekte, die zur 1er-Reihe gehören, es gibt uns also die Möglichkeit, die «Spannungen» des Radixhoroskopes unter die Lupe zu nehmen. Andere Harmonic-Charts betonen andere Zahlenreihen, also andere «Ebenen» der Wirklichkeit.

Es folgt eine Zusammenfassung der «Bedeutungsebenen» der Harmonic-Charts 4, 5, 7 und 9.

Das 4. Harmonic

Dieses Horoskop sollte untersucht werden, wenn man die «Spannung» eines Menschen studieren will. Spannungen führen zur aktiven Auseinandersetzung mit der Umwelt; deshalb können im 4. Harmonic oft konkrete Tätigkeitsbereiche gefunden werden, aber auch Konflikte, die von der Umwelt «auf uns zukommen». Diese Horoskope haben nicht zuletzt damit zu tun, wie wir uns in unserer Umwelt tatkräftig einsetzen, sowie mit den daraus entstehenden konkreten Leistungen und/oder hinderlichen Problemen.

Das 5. Harmonic

Dieses Horoskop gibt Auskunft über die Fähigkeit eines Menschen, kreativ zu sein, oder aber auch seine Neigung, zerstörerisch zu wirken. Das 5. Harmonic klärt uns auf über den Drang des Menschen, ganz bewusst seinen persönlichen «Stempel» auf das Leben zu drücken. Hier will er nicht nur leben, sondern dafür sorgen, dass er nach dem Ableben etwas von bleibendem Wert hinterlässt. Sexualität wird gelebt als Verlangen, auf leiblicher Ebene kreativ (oder, bei niederem Niveau, destruktiv) zu wirken.

Das 7. Harmonic

Die Quellen der Inspiration hinter der Kreativität. Weist auf die intuitive «Feinfühligkeit» eines Menschen hin. Zeigt die Qualität und Stärke seines Kontaktes zu den «verborgenen Bereichen», seien diese im eigenen Unterbewusstsein, im kollektiven Unbewussten oder aber in «jenseitigen Bereichen» zu suchen. Daher die Möglichkeit, auf fast hellsichtige Weise gewisse Wahrheiten zu «erahnen» – oder, bei Nichtbewältigung, die Gefahr von Geisteskrankheit als Folge der Unfähigkeit, das Wahrgenommene zu verstehen und zu verarbeiten. Erotische Inspiration bzw. sexuelle Phantasien. «Schicksalhafte Ereignisse» im Leben eines Individuums im Sinne von Geschehnissen, deren Ursachen uns unerklärlich erscheinen und vielleicht nur im Lichte der Reinkarnationstheorie zu verstehen sind.

Das 9. Harmonic:

Zeigt die Energien, die in einem Menschen «harmonisch fließen» und deshalb zu angenehmen Ereignissen oder persönlichen «Begabungen» führen können. Die im 9. Harmonic-Chart verbundenen Planeten werden oft als Quelle der Freude empfunden, des «Glücks». Sie können nur dann problematisch sein, wenn man es über längere Zeit vernachlässigt, ihre Energien positiv zu benutzen, gewissermaßen nach dem Motto «In diesen Bereichen geht's mir sowieso gut, also warum sollte ich mir darüber Gedanken machen?»

Wenn wir also beispielsweise die kreativen bzw. zerstörerischen Kräfte des Menschen untersuchen wollen, stellen wir das 5. Harmonic-Chart. Für eine Analyse seiner Phantasie bzw. seines Kontakts zu Kräften, die für ihn eine Quelle der Inspiration sind, untersuchen wir das 7. Harmonic. Das 9. Harmonic gibt Aufschlüsse über seine «Trigon- bzw. Novilhaftigkeit», zeigt also, mit welchen Kräften er problemlos umgehen kann, und vielleicht auch, in welchen Bereichen der Erfolg am leichtesten kommen könnte. Im nächsten Kapitel werden jeweils vier Beispiele von Harmonic-Charts 4, 5, 7 und 9 gegeben; es wäre natürlich möglich, auch für andere Zahlen Harmonic-Horoskope zu stellen, doch muss man irgendwo die Grenze ziehen, soweit es die Wahl der Mittel betrifft. Eine genaue Untersuchung des Radix zusammen mit diesen vier Zusatzhoroskopen liefert schon sehr viel neues Interpretationsmaterial.

DIE BERECHNUNG

Wie deutet man ein Harmonic-Horoskop?

Bezüglich der zeichnerischen Darstellung der folgenden Horoskope möchte ich zunächst einiges erläutern. Um die Aspekte detailliert zu betrachten, empfiehlt es sich, mit dem beigefügten «Omnicycles» Programm die Horoskope der bekannten Persönlichkeiten aufzurufen. Alle Radix-Bilder der berühmten Menschen, deren Horoskope auf den folgenden Seiten besprochen werden, sind im Programm enthalten. Diese Sonderversion von Omnicycles ist so programmiert, dass die Aspekte und Orbiswerte, die im Buch benutzt und empfohlen werden, auch in den Grafiken erscheinen. Im inneren Kreis jeder Zeichnung sind (im Programm) die Aspektlinien für die Winkel des 2. bis 9. Harmonics eingezeichnet. Konjunktionen werden in diesem Harmonic-Horoskop nicht dargestellt, da sie bei der Betrachtung der Planeten ohnehin sofort auffallen. Aspekte der höheren Harmonic-Reihen werden nicht berücksichtigt, weil die Vielzahl der Linien die Überschaubarkeit des Bildes beeinträchtigt.

Aspektlinien zu MC, AC oder Mondknoten zeichne ich grundsätzlich nicht, da es sich bei diesen nicht um Himmelskörper handelt. Immerhin, wenn man Winkel zu MC und AC farbig «zeichnet», müsste man dies auch bei IC und DC tun. Doch dann hätte man so viele Aspektlinien im Bild, dass man womöglich gar nichts mehr entziffern könnte. Bei jedem Horoskopbild befolge ich immer die Regel, dieselben Aspektarten und Orben bei jeder Abbildung beizubehalten, um die Basis für den objektiven Vergleich verschiedener Horoskope zu gewährleisten. Die «Harmonic-Charts» werden nur in Bezug auf die Bereiche gedeutet, die von der jeweiligen Harmonic-Zahl symbolisiert werden (siehe hierzu das Kapitel «Grundbedeutungen der Aspektreihen»).

In den Geburtsbildbesprechungen des folgenden Kapitels verfolge ich keineswegs die Absicht, jedes Horoskop vollständig «auszudeuten». Hierzu wäre es nötig, eine Biographie über jede der besprochenen Personen zu schreiben, zusammen mit einer ins Detail gehenden Deutung aller kosmischen Faktoren, und das Ergebnis wäre nicht *ein* Buch, sondern viele. Ich beabsichtige nur, durch die Untersuchung eines einzelnen Aspekttypus bei jeder Persönlichkeit zu demonstrieren, was die hervorgehobene Aspektreihe zur Gesamtinterpretation des Radixhoroskops beizutragen vermag. Das Geburtsbild Adolf Hitlers hat beispielsweise neben einer starken Betonung des 5. Harmonics auch wichtige «traditionelle» Aspekte; da diese jedoch in den Werken anderer astrologischer Autoren schon recht ausführlich behandelt wurden, habe ich bei meiner Betrachtung den Akzent auf die normalerweise vernachlässigten Quintile gesetzt. Das will aber nicht heißen, ich hätte etwa alle möglichen und im Leben und Wirken Hitlers nachgewiesenermaßen tatsächlich vorhandenen Auswirkungen des 5. Harmonics «entdeckt». Ich ziehe es bei meinen Ausführungen vor, einige wenige Deutungsbeispiele zu geben, die für den Lernenden leicht nachvollziehbar sind. Die dadurch gewonnenen Erkenntnisse sollen es dem angehenden Astrologen ermöglichen, die Aspekte in den Horoskopen seiner eigenen Sammlung anhand der neuen Erkenntnisse vollständiger und sicherer zu deuten.

Neben einigen Beispielen von Personen, die durch ihr öffentliches Wirken bzw. ihre geschichtliche Bedeutung allgemein bekannt sind, habe ich auch einige Geburtsbilder von Personen interpretiert, die weder berühmt noch berüchtigt sind. Ihre Horoskope sind in meiner Privatsammlung. Natürlich habe ich hierbei die Namen geändert, außer wenn die Personen mit der Veröffentlichung ihrer wirklichen Namen einverstanden waren. Normalerweise gebe ich bei Privatpersonen die Geburtsorte aus wohl verständlichen Gründen nicht an.

WIE DEUTET MAN EIN HARMONIC-HOROSKOP?

Ich habe bei jedem Harmonic mehrere Beispiele angeführt, um verschiedene Wirkungen des gleichen Aspekttypus zu veranschaulichen. So finden wir beim 5. Harmonic Louis XV, Mozart, Hitler, sowie Herrn «X». Wüstling, musikalisches Genie, Diktator und künstlerisch begabter «normaler Mensch»: Jeder hat die Kräfte des Quintils auf seine Weise entwickelt und in seinem Leben verwirklicht.

Derjenige, der sich mit den hier besprochenen berühmten Persönlichkeiten auf astrologischer Basis weiter befassen will, kann mit der diesem Buch beigefügten, kostenlosen Version von «Omnicycles» die entsprechenden Horoskope, sowohl das Radixhoroskop wie auch die Harmonic-Charts, leicht berechnen, da die Geburtsdaten der Betroffenen in der Radix-Datei des Programms enthalten sind.

4. Harmonic

Christine von Schweden

Als erstes Beispiel eines 4. Harmonic-Charts nehmen wir das Horoskop der Königin Christine von Schweden. Da das Leben dieser äußerst interessanten Frau nicht allzu bekannt sein dürfte, zitiere ich zunächst ein paar Worte zu ihrer Person:

«Die einzige Tochter Gustav Adolfs wuchs als echtes Kind ihrer Zeit auf. Während die Heere des dreißigjährigen Krieges Mitteleuropa zerstampften und die schwedischen Soldaten durch Deutschland zogen, jagte sie auf ihrem Hengst durch die Wälder Schwedens und ritt in Männerkleidung durch die Straßen Stockholms. Wild und leidenschaftlich, voll ungebändigten Temperaments, war sie doch aufgeschlossen für die Schönheit des Geistes ... An dem Stockholmer Hof sammelten sich die großen Gelehrten Europas, in allen Hauptstädten von Rom bis Paris sprach man mit bewundernder Achtung von der ‹Sibylle des Nordens›, der ‹Zehnten Muse› oder der ‹Schwedischen Pallas›» (Angermeyer 1987, S. 109).

Bei Will Durant lesen wir von den Wurzeln ihrer späteren Be-

WIE DEUTET MAN EIN HARMONIC-HOROSKOP?

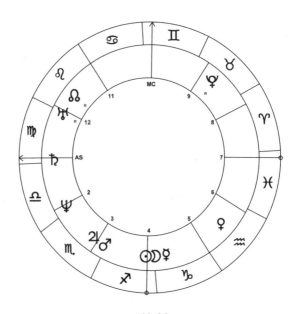

Abb. 22:
Christine von Schweden – Radix-Horoskop
18. Dezember 1626, 23:50 LMT, Stockholm

kehrung zum Katholizismus: «... *die Bekehrung zum Katholizismus ist oft eine aufrichtige Reaktion auf äußersten Skeptizismus. Aus der Tiefe des Zweifels vermag der Quell des Mystizismus zu entspringen.*» (Durant 1982, S. 304f).

Im damaligen protestantischen Schweden hätte sie abdanken müssen, um zur römisch-katholischen Religion hinüberzuwechseln. Dies tat sie, verließ Schweden, reiste durch ganz Europa und verbrachte ihre letzten Lebensjahre in Rom, von Künstlern und Gelehrten umgeben.

Das 4. Harmonic-Chart Christines ist sehr stark von Saturn geprägt. Dieser steht in Konjunktion mit Sonne und Mond. Die Mond-Saturn-Konjunktion steht in Opposition zu Venus, aber im Trigon zu Mars. Christine hatte Schwierigkeiten, dem dama-

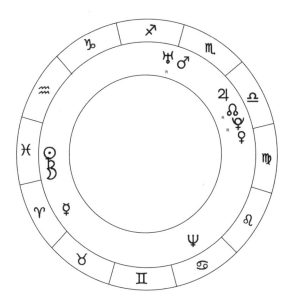

Abb. 23:
Christine von Schweden – 4. Harmonic

ligen Bild der Frau zu entsprechen. Dies hing möglicherweise mit der Ablehnung durch die Mutter zusammen. Die gespannte Venus-Position findet in ihrem Leben folgenden Ausdruck: «*... ihre Mutter verzieh es ihr nie, dass sie ein Mädchen war. Vielleicht war diese mütterliche Ablehnung mit Schuld daran, dass sie sich, so weitgehend als ihre Physis dies zuließ, zu einem Mann entwickelte. Bewusst vernachlässigte sie ihre Person, verachtete Schmuck, fluchte wie ein Stallknecht, liebte es, Männerkleidung zu tragen, widmete sich männlichen Sportarten, ritt rasende Galoppaden im Herrensattel, jagte mit Leidenschaft und erlegte ihre Beute beim ersten Schuss.*» (ebda., S. 302).

Hätte sie den Freuden der Jagd nicht gefrönt, würde Christine wahrscheinlich weitgehendst einem typischen Mädchen von heute geähnelt haben; in der damaligen Zeit fiel sie aber schon manchmal unangenehm auf. Die Ablehnung ihrer Weiblichkeit zugunsten ihrer männlichen Seite wird dadurch symbolisiert, dass Mars im 4. Harmonic Trigone von Mond und Saturn empfängt, während Venus zu diesen in gespanntem Verhältnis steht. Die raue, junge Königin hatte aber auch Sinn für die Kunst: In den Sälen des Schlosses fanden die wertvollen Gemälde, Antiken- und Münzsammlungen Aufstellung, welche die junge Königin aufkaufte. SO-3-NE im 4. Harmonic symbolisiert sowohl diesen Kunstsinn wie auch den späteren Hang zum Mystizismus.

Vielleicht hatte Durant unrecht, als er schrieb, Christines Mystizismus sei das Resultat ihres Skeptizismus. Mit der mächtigen Saturn-Stellung im 4. Harmonic war Christine zwar realistisch-skeptisch eingestellt, doch SO-3-NE weist darauf hin, dass auch ihre mystischen Neigungen zum Grundbestand ihres Wesens gehörten.

Und ihre bekannte Liebe zur Philosophie und zur Gelehrsamkeit überhaupt? Merkur Opposition Jupiter im 4. Harmonic zeigt einen Drang, die gedanklichen Horizonte zu erweitern. Doch alles verlief nicht ohne «spannungsvolle» Folgen: Das schwedische Volk war empört über die immensen Geldsummen, die sie für diese «geistige Erweiterung» ausgab, vorzüglich für Gemälde und seltene, alte Manuskripte, die einen Ehrenplatz in ihrer herrlichen Bibliothek fanden. Diese bemerkenswerte Monarchin war sowohl körperlich wie geistig eine sehr energiegeladene, aktive Person. Das 4. Harmonic-Chart gibt auch hier wertvolle Hinweise sowohl über Art und Qualität ihrer Handlungen wie auch über die Probleme, mit denen sie leben musste.

Franz Kafka

Wir beschäftigen uns zunächst mit dem 4. Harmonic-Chart des berühmten Prager Schriftstellers Franz Kafka. Franz Kafka ist einer der großen Vorausseher des heutigen Weltzustands und der daraus entstandenen Problematik des Menschen gewesen. Er war ein Visionär der modernen Lebensangst und wurde da-

4. HARMONIC

rum nacheinander von den literarischen Bewegungen in Anspruch genommen worden, deren Kardinalthema die Situation des Menschen unter der Herrschaft der Angst ist – vom Expressionismus, vom Surrealismus und vom Existentialismus. «Er schrieb eine eigentümlich trockene spröde und glasklare Prosa, die jede Einzelheit der dinglichen Welt mit der Schärfe einer beinahe wissenschaftlichen Beobachtung erfasst und wie gemeißelt hinstellt, randvoll von konkreter Anschauung und Sachbestimmtheit. Die Welt, die sich aus derart realistisch gebildeten Einzelheiten aufbaut, ist vollkommen ungreifbar unwirklich und raumlos und darum für den Menschen, der in ihr leben muss, verwirrend, beängstigend und schrecklich» (Eppelsheimer).

Im Kafkas 4. Harmonic-Chart fällt zuerst die schon im Radix vorhandene enge Konjunktion von Merkur und Venus auf. Diese Konstellation zeigt oft schöngeistige Fähigkeiten; ich habe sie beispielsweise öfters in den Horoskopen von Musikern festgestellt. Bei Kafka fällt sie ins Radixzeichen Zwilling und gibt einen Hinweis auf seine literarische Tätigkeit. Im 4er-Bild ist natürlich das Zeichen nicht wichtig, wohl aber die Aspektierung, die ein Licht sowohl auf die Schreibweise des Autors wie auch auf seine Themen wirft. ME-1-VE steht zunächst im Sextil zu Saturn. Die schon erwähnte eigentümlich trockene und spröde Prosa findet hier eine astrologische Entsprechung. In der Tat, der größte Teil des obigen Zitats klingt wie eine Aufzählung literarischer «Saturn-Eigenschaften» mit Beimischung von Neptun: Kafka als «Seher des heutigen Weltzustands», als «Visionär der modernen Lebensangst». Im 4er-Bild spielt tatsächlich der Neptun auch eine sichtbare Rolle: 6-SA, 3-VE, 3-ME, 3-UR. Eine extreme Sensibilität lässt Kafka sich in verschiedenartige, manchmal surrealistisch-phantastische Lebenssituationen hineinfühlen, beinahe mit dem Instinkt eines Hellsehers. Er beschreibt die Situationen mit fast wissenschaftlichem Realismus (NE-6-SA), und gibt dem Ganzen literarische Gestalt (3-ME, 3-VE).

«Fast alle Werke Kafkas gipfeln in der Forderung, das Unwesen in sich zu töten, jede Lebenssituation als Entscheidung zu nehmen und den Be-

WIE DEUTET MAN EIN HARMONIC-HOROSKOP?

Abb. 24:
Franz Kafka – Radix-Horoskop
3. Juli 1883, 6:00 LMT, Prag

griff der Freiheit mit einer rechten Vorstellung zu verbinden» (Engasser 1977, S.230). Hierfür finden wir treffende Entsprechungen im 4. Harmonic. Uranus steht im Aspekt zur Merkur-Venus-Konjunktion, zu Saturn und zu Neptun. «*Kafkas Sehnsucht nach menschenwürdiger und vom Menschen richtig gehandhabter Freiheit betonend ... die [von ihm literarisch] aufgebaute Welt ... ist ... verwirrend, beängstigend und schrecklich.*» (ebda., S.231). Uranus, Neptun und Saturn in ihren schlimmsten Erscheinungsformen, von Kafka literarisch dargestellt (alle im Aspekt zu Venus und Merkur). Die Tripelkonjunktion Merkur, Venus, Uranus steht im Quadrat zu Jupiter, die Sonne in Opposition zu Mars. Bei Kafkas Helden haben wir oft das beklemmende Gefühl, auch das Erlangen der von ihnen ersehnten Freiheit würde sie eigentlich nicht glücklich

4. HARMONIC

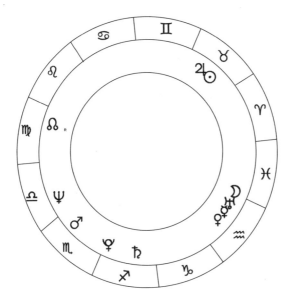

Abb. 25:
Franz Kafka – 4. Harmonic

machen, wie wenn ihr Leiden sie bestenfalls zur größeren Erkenntnis, aber niemals zum «Glück» führen könnte. Das Jupiter-Quadrat liefert die Entsprechung. In SO-2-MA sehen wir den so oft bei Kafka vorkommenden «Angriff auf das Individuum», das zum Opfer einer Weltordnung wird, deren Gesetzmäßigkeiten es nicht in der Lage ist, zu verstehen.

Es wäre natürlich auch möglich, das 4. Harmonic-Bild Kafkas in Beziehung zu setzen mit den biographischen Fakten seines Lebens. In dieser kurzen Betrachtung habe ich aber bewusst darauf verzichtet, um mich allein auf sein Schaffen zu konzentrieren. Das 4. Harmonic-Chart zeigt die Spannungen, die Aktivitäten eines Menschen, und im Fall Kafkas bekommen wir dadurch auch Informationen über die Qualität seiner (literarischen) Tätigkeit.

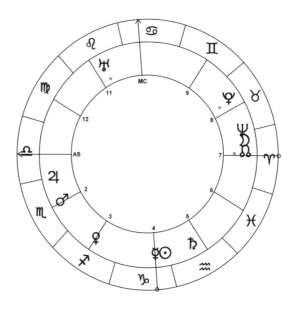

Abb. 26:
Albert Schweitzer – Radix-Horoskop
14.1.1875, 23:50 LMT, Kayserberg, Frankreich

Albert Schweitzer

Das 4. Harmonic-Chart des berühmten Arztes von Lambarene, Albert Schweitzer, präsentiert ein fast nicht zu überbietendes Beispiel von geballter Kraft. Ein Stellium von fünf Planeten ist in starker Verbindung zu den restlichen Faktoren; dazu auch noch eine gradgenaue, dreifache Konjunktion von Mars, Saturn und Uranus! Wenn nun das 4. Harmonic die «Spannung» im Menschen zeigt, die einen zur aktiven Tätigkeit motiviert, ist es klar, dass ein Mensch wie Schweitzer – Theologe, Tropenarzt, Philosoph, berühmter Musiker und Friedensnobelpreisträger – ein stark ausgeprägtes 4. Harmonic haben müsste. In der Tat habe ich kaum jemals ein solch markantes 4er-Bild gesehen. Gehen wir die verschiedenen Konstellationen durch:

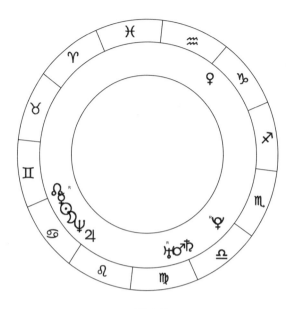

Abb. 27:
Albert Schweitzer – 4. Harmonic

SO-1-MO-1-ME. Die Sonne-Merkur-Konjunktion ist schon im Radix vorhanden. Die heliozentrischen Positionen zeigen, dass Merkur, von der Erde aus gesehen, auf der anderen Seite der Sonne ist, also in relativer Erdferne. Das würde bedeuten, dass Merkur nur «durch die Sonne» arbeitet, das Denken wird also wahrscheinlich nicht als Zweck an sich gesehen. Schweitzer war zwar hochintelligent und zeichnete sich durch eine erstaunliche Lernfähigkeit aus. Er hatte aber immer ein Ziel vor Augen. Bei ihm konnte wirklich keiner behaupten, dass das abstrakte Denken (Merkur) wichtiger war als der Zweck (Sonne). Diese Konjunktion ist im 4. Harmonic immer noch vorhanden, steht aber jetzt in Konjunktion zum Mond. Das gibt uns die ersten Aufschlüsse über seinen Lebenszweck: Schweitzer hat sich der menschlichen Fürsorge (Mond) gewidmet wie kaum ein anderer. *«Ein Jahr vor Beginn des ersten Weltkrieges machte er sein ärztliches Staatsexamen, und noch im selben Jahr ging er als Missionsarzt nach dem französischen Äquatorial-Afrika und gründete die Leprastation in Lambarene am Ogowofluss. Hier, mitten im Urwald, wo Not und Krankheit der Eingeborenen der christlichen Nächstenliebe ein weites Feld eröffneten, begann Albert Schweitzer sein humanitäres Werk. – So wie er sich in Lambarene um das körperliche und seelische Wohl der Schwarzen müht, kämpft er sein Leben lang darum, dass der Mensch seinen Geist nicht zur Vernichtung und zum Mord gebrauche, sondern im Sinne einer praktischen Ethik und zu vernünftigen menschlichen Zwecken.»* (Engasser 1977, S. 424).

Der Mond symbolisiert das Fürsorgliche Albert Schweitzers. Den «Kampf um das Humane, Menschliche» erkennt man an der Mars-Uranus-Konjunktion. Diese Verbindung kann, bei niedrigeren Naturen, oft nutzlose Streitsucht oder sonstige Verschwendungen der Eigenenergie bedeuten. Aber Schweitzer hat diese Kraft im positivsten Sinne gebraucht: Seine nahezu grenzenlose Energie setzte er im Rahmen der tätigen Nächstenliebe ein. Der Einbezug von Saturn in derselben Konjunktion weist auf zweierlei hin: Diese enorme Energie war sehr diszipliniert, wurde also gezielt gelenkt, und sie war außerdem von erstaunlicher Ausdauer. In der Tat scheute Schweitzer keine Mühe, um seine humanen Ziele zu verwirklichen: Im Jahr 1920 entschloss er sich, seine Arbeit in Lambarene wiederaufzunehmen, nachdem er 1917 als Folge des ersten Weltkrieges aus Französisch-Äquatorialafrika ausgewiesen und in Frankreich interniert worden war. Er kündigte seine beiden Stellungen, gab nur mehr Orgelkonzerte, hielt Gastvorlesungen und Vorträge in ganz Europa, um finanzielle Mittel für sein neues Vorhaben, ein Krankendorf im Kongo, zu sammeln.

Der Saturn findet eine zusätzliche Deutung in dieser Konjunktion: Schweitzer musste oft gegen fast unüberwindliche Widerstände kämpfen. Die Errichtung des Hospitaldorfes im Urwald war sehr schwierig, und die europäische Presse griff ihn mehrmals mit der Behauptung an, seine Krankenstation wäre nicht zeitgemäß. Schweitzer berücksichtigte bei der Ausstattung des Hospitals den Lebensstil und das kulturelle Niveau der Eingeborenen.

Albert Schweitzer war «nebenher» auch ein bedeutender – ja ein berühmter – Musiker. Er war Organist und Bachspezialist. Einige Schallplattenaufnahmen seines Bachspiels sind immer noch erhältlich und werden von Könnern hoch geschätzt. Er verfasste außerdem zwei Bücher über das Leben und Wirken Bachs. Hier erinnern wir uns daran, dass auch Johann Sebastian Bachs Radixhoroskop ein Mars-Saturn-Quadrat aufweist: Der «Kampf um die Form» war ein Thema, mit dem Schweitzer sich offensichtlich hervorragend identifizieren konnte. Die Sonne-Merkur-Konjunktion einerseits, die Uranus-Mars-Saturn-Konjunktion andererseits im 4. Harmonic-Chart sind alle mit Venus (Tetranovil bzw. Trigon) im Aspekt. Diese harmonischen Aspekte zum Planeten der Kunst (Venus) deuten auch auf den empfindsamen Musiker hin. Venus steht außerdem in Opposition zu Neptun und Jupiter, was für eine weitere Verfeinerung seiner ästhetischen Sinne spricht.

Hinweise auf den Theologen Albert Schweitzer erkennen wir im 4er-Bild vor allem durch die starke Aspektierung Saturns: 1-MA, 1-UR, 9-ME, und 3-VE. Religiosität im kirchlichen Sinne wird oft von einer starken Saturnstellung begleitet. Doch bei Albert Schweitzer sehen wir das Saturnprinzip in seiner höchsten Gestalt: die erstaunliche Selbstdisziplin (Saturn), die ihm ermöglichte, sich so weit zu bilden, dass er seine Erkenntnisse beim Dienst am anderen konkret und praktisch (Saturn) in die Tat umzusetzen verstand. Insgesamt ein Bild, das die edleren Möglichkeiten des 4. Harmonics bestens demonstriert!

Daniel und Sibylle

Als letztes Beispiel für das 4. Harmonic habe ich das Horoskop einer Beziehung, bzw. der ersten Begegnung gewählt, um zu demonstrieren, wie auch hier das Harmonics wertvolle Hinweise geben kann.

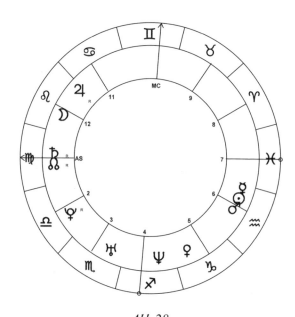

Abb. 28:
Horoskop der ersten Begegnung Daniel und Sibylle – Radixhoroskop

Das Radix ist das «Beziehungshoroskop» eines mir bekannten Paares und wurde ganz einfach für den Zeitpunkt des ersten Kennenlernens gestellt. Solche «Beziehungshoroskope» sind nach meinen Erfahrungen von unschätzbarem Wert für die astrologische Beurteilung eines zwischenmenschlichen Verhältnisses, obwohl Paare in den meisten Fällen nicht genau (Uhrzeit und Datum) wissen, wann sie sich zum erstenmal begegnet sind. Daniel und Sibylle (ihre wirklichen Namen habe ich geändert), die sich beide zur Zeit ihrer Begegnung mit Astrologie beschäftigten, haben sich das Datum und Uhrzeit dieses ersten Treffens gemerkt. Sie wollten nicht, dass ich ihre individuellen Radix-Horoskope hier abdrucke, und ich habe ihren Wunsch natürlich respektiert. Trotzdem können wir vieles über ihre Beziehung anhand der folgenden Horoskope erfahren. Das Radix

4. HARMONIC

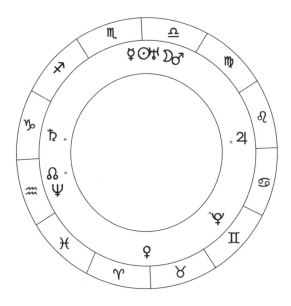

Abb. 29:
Horoskop der ersten Begegnung – 4. Harmonic

und das 4. Harmonic ihrer ersten Begegnung sind oben abgebildet.

Das 4er-Bild weist ein Stellium auf, und zwar mit den Planeten Mars, Mond, Uranus, Sonne und Merkur. Das allein bedeutet eine geballte Energie, und diese ist tatsächlich in der Beziehung vorhanden. Schon oft in den letzten neun Jahren hat es gekracht, und beide haben sich gefragt, ob es sich lohnt, bei so vielen Missstimmigkeiten weiterzumachen. Daniel ist Musiker, ist ein ruhiger, intellektueller Typ; Sibylle, die geborene Managerin, ist dagegen eine sehr energische Person und bringt oft mehr «Action» in die Szene als ihrem stillen Partner lieb ist. Sie beschwert sich ihrerseits über Daniels kühle, etwas reservierte Natur und vor allem über seine Liebe zur Routine, die sie manchmal als erstickend empfindet.

Als Sibylle Daniel kennenlernte, war sie 42 und er erst 24 Jahre alt. Klar, dass es für die beiden nicht immer leicht sein würde, sich auf die Bedürfnisse des anderen einzustellen. Ihre Freunde damals hatten gleich gesagt, eine solche Beziehung könne nicht sehr lange dauern, doch wie unrecht sie hatten! Es kam zwar 1982 zu einem Bruch: Daniel, der nun über drei Jahre lang mit Sibylle zusammengelebt hatte, verliebte sich in ein junges, zu ihm aber vom Wesen her gar nicht passendes Mädchen, und zog aus. Dies war eine Krise, die um Haaresbreite zum endgültigen Bruch mit Sibylle geführt hätte. Doch nach kurzer Zeit erkannte er, wie wichtig Sibylle für ihn war. Die Beziehung fing wieder an, wenn auch «nur» auf platonischer Ebene. Aber die Tatsache, dass sich die beiden heute immer noch sehr nahe stehen, weist darauf hin, dass diese Ebene vielleicht für sie die beste ist. Daniel beschreibt die Qualität der Beziehung aus eigener Sicht: «Noch niemals zuvor in meinem Leben habe ich so stark das Gefühl gehabt, dass eine Person, die ich kennenlernte, für mich von schicksalhafter Bedeutung wäre. Schon eine halbe Stunde, nachdem ich Sibylle kennenlernte, sagte ich einem Freund, dass mit ihr ohne Zweifel «etwas laufen würde». Na ja, mit 24 Jahren drückt man sich schon manchmal ziemlich oberflächlich aus, doch an das Gefühl, das ich damals hatte, kann ich mich immer noch erinnern: Es war so, als ob ich diese Person schon seit Urzeiten kannte, und ich wusste sofort, dass unsere Begegnung kein «Zufall» war; wir hatten uns nach langer Zeit wiedergefunden.»

Bei Sibylle war dies keineswegs vom Anfang an klar. Sie hatte Angst, mit einem so jungem, gut aussehenden Mann eine tiefere Beziehung anzufangen, da sie befürchtete, ihn eines Tages an irgendeine «junge Gans» zu verlieren. Doch seine Begeisterungsfähigkeit sprang offensichtlich auf sie über, und bald waren die beiden unzertrennlich. Probleme gab es, gewiss: Daniel hielt es mit der Treue nicht so genau, ein Umstand, unter dem Sibylle zuweilen sehr litt. Er fühlte sich seinerseits von Sibylles aktivem, etwas dominierendem Wesen zeitweilig erdrückt und wollte in flüchtigen Affären ihrem immer stärker werdenden Einfluss ent-

4. HARMONIC

kommen. Trotz Problemen in der privaten Sphäre waren – und sind – die beiden in beruflicher Hinsicht sehr erfolgreich. Daniel ist der Visionär, der viele neue Ideen hat und mit Leichtigkeit erkennt, wie diese zu verwirklichen wären. Sibylle ist eine «Macherin», die auf praktische Weise die gemeinsamen Pläne in die Tat umzusetzen weiß. Heute arbeiten sie erfolgreich zusammen, und haben die stürmischen Zeiten ihrer ersten Jahre hinter sich. Das Verständnis für den anderen, das sie sich im Laufe ihrer langjährigen Beziehung aufgebaut haben, erlaubt ihnen, mehr oder weniger «ruhig» auch über ihre Probleme zu sprechen.

Schauen wir das 4. Harmonic an. Die Konjunktion von Mond und Mars zeigt einen sehr starken, aktiven emotionalen Austausch, aber auch die Gefahr von Streitigkeiten. Daniel meinte dazu: «Das ist aber fast eine Untertreibung. Manchmal, nach stundenlangem Streitgespräch, war ich kurz davor, alles zu beenden. Sobald es um gefühlsverwandte Themen (Mond) geht, bricht bei uns zuweilen der Krieg aus.» Der Mond hat auch noch folgende Aspektierung: 4-SA, 1-UR, und 3-PL. Ich deutete dies dem aufmerksam zuhörenden Daniel folgendermaßen (Sibylle war bei diesem Gespräch nicht dabei): «Es scheint so, als wenn es immer wieder Zeiten gäbe, wo eure Gefühle fast tot zu sein scheinen (MO-4-SA); vielleicht wisst ihr beide dann überhaupt nicht, warum ihr zusammen seid, da emotional alles so karg und zwecklos erscheint. Der Uranus könnte bedeuten, dass sich dann gewisse «Ausbruchstendenzen» bemerkbar machen, wo beide denken, nur die Unabhängigkeit (Uranus) voneinander würde die Probleme lösen. Das nächste ist nur eine Vermutung; korrigiere mich, wenn es nicht stimmt. Könnte es sein, dass nach solchen Phasen der Verzweiflung eine gefühlsmäßige «Regeneration» (MO-3-PL) stattfindet, wobei ihr dann merkt, dass auf eigentümliche Weise die Beziehung durch den ganzen Streit doch vertieft (Pluto) worden ist?» Daniel bestätigte alles, und war überrascht, dass «so ein komisches Zusatzhoroskop» soviel verraten könnte. Allerdings fügte er hinzu, dass die «Regeneration» sich so gut wie nie unmittelbar nach dem Streit einstellte, sondern immer erst am nächsten Tag, nachdem sich die Gemüter etwas beruhigt hatten und die «negative Energie» verpufft war. Er, der sich seit geraumer Zeit mit der Astrologie beschäftigt, sah hier im Pluto einen Schlüssel zu gewissen Seiten der Beziehung, die sich mit Worten vielleicht nur schwer erklären lassen. Obwohl die körperlichen Aspekte der Beziehung nicht mehr ausgelebt werden, empfindet er, dass die Zeit mit Sibylle zu einer emotionalen Vertiefung geführt hat, die er manchmal als magisch (Pluto!) erlebt. So fühlt er instinktiv, ob Sibylle Probleme hat, und dies geschieht manchmal sogar bei räumlicher Trennung der beiden. Er glaubt, dass «der tiefere Sinn weit unter der Oberfläche des Alltäglichen, des bewusst Wahrgenommenen liegt. Ob ich Sibylle in anderen Leben schon gekannt habe, kann ich zwar nicht beweisen, aber manchmal denke ich, nur dies könnte die starke Bindung erklären, die wir zueinander haben und die uns beiden ab und zu so unerklärlich erscheint.» Dies scheint in der Tat eine recht «plutonische» Angelegenheit zu sein!

Die Venus-Sonne-Opposition im 4. Harmonic könnte auf die Tatsache hinweisen, dass eine körperliche Liebesbeziehung nicht mehr besteht, obwohl beide, versichert mir Daniel, sehr fürsorglich und zärtlich zueinander sein können, wenn sie allein sind (starke Mond-Aspektierung).

Der Jupiter hat drei erwähnenswerte Winkel im 4er-Bild: 9-SA, 4-ME und 7-PL. Der harmonische Aspekt zu Saturn zeigt, dass die von SA-4-MO «abgekühlten» Phasen der Beziehung immer wieder ein glückliches Ende finden. Merkur im Quadrat zu Jupiter betont wieder das Thema «Streit», doch deutet gleichzeitig und zusätzlich an, dass weltanschauliche Differenzen oft zu Auseinandersetzungen führen.

Daniel dazu: «Das trifft aber wahrhaftig ins Schwarze! Ich bin beispielsweise esoterischen Dingen gegenüber zwar nicht ablehnend, doch ziemlich nüchtern eingestellt. Sibylle neigt mehr zum Schwärmerischen und wirft mir immer meine ‹Ungläubigkeit› vor, während ich mich über ihre ‹Leichtgläubigkeit› aufrege.» Jupiter Septil Pluto ist ein subtilerer Aspekt, findet aber dennoch in der Beziehung eine Entsprechung: Das «Glück» ist sehr im Hintergrund, oder mit anderen Worten, weder Daniel noch Sibylle würden das Adjektiv «glücklich» in erster Linie anwenden, um ihre Beziehung zu beschreiben. Doch nach den vielen «Verwandlungen» (Pluto), die beide im Laufe und *wegen* ihrer Beziehung durchgemacht haben, empfinden sie, dass das Glück am Ende doch erkennbar ist, auch wenn es weniger konkret gefühlt, als auf subtile, fast «mystische» (Septil) Weise ständig anwesend ist.

5. Harmonic

Louis XV., König von Frankreich

Im 5er-Bild des vorletzten Königs von Frankreich finden wir Mars in Konjunktion zu Neptun, Saturn und Jupiter. Wenn tatsächlich, wie Addey vermutete, das 5. Harmonic Auskünfte über die sexuelle Veranlagung zu geben vermag, wäre es hier zu erwarten, dass die geschlechtlichen Aktivitäten dieses Mannes durchaus etwas «außergewöhnlich» waren (NE,SA,JU). Der bekannte Historiker Will Durant schrieb Folgendes darüber: *«Er nahm erst sieben Jahre nach seiner Hochzeit eine Mätresse; dann allerdings gleich vier nacheinander, aber doch mit einer gewissen Beständigkeit, denn sie waren alle Schwestern»* (Durant 1982, S. 81). Von Madame de Pompadour, der prominentesten der vielen Mätressen des Königs, lesen wir unter anderem: *«Mit ihren intimsten Freunden hatte sie bereits über die wachsenden Schwierigkeiten gesprochen, die ihr die königliche Leidenschaft verursachte ... Sie versuchte es mit Liebesgetränken, aber erreichte damit nur eine Schädigung ihrer Gesundheit»* (ebda., S. 51). Da offensichtlich keine einzige Frau imstande war, Louis zur Genüge zu befriedigen, waren drastischere Maßnahmen bald fällig: *«Im «Hirschpark» (Parc des Cerfs), in der nächsten Nähe von Versailles gelegen, hielt man in einem kleinen Haus eine oder zwei junge Frauen mit ihren Dienerinnen bereit, die Ludwig entweder*

WIE DEUTET MAN EIN HARMONIC-HOROSKOP?

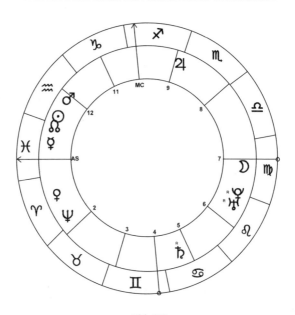

Abb. 30:
Louis XV, König von Frankreich – Radix-Horoskop
15.2.1710, 8:03 LMT, Versailles, Frankreich

bei sich empfing oder die er in ihrem Landhäuschen, gewöhnlich als polnischer Graf verkleidet, aufsuchte. Es wurde darüber geklatscht, dass es sehr viele solcher Mädchen dort gäbe. Anscheinend wohnten dort nie mehr als zwei auf einmal, aber eine ganze Reihe wurde nacheinander in den Hirschpark gebracht und darauf vorbereitet, dem König sein «droit du seigneur» (ius primae noctis) zu gewähren» (ebda., S. 51).

In der Tat kann man sich vorstellen, dass dieser hohe Herr den zum größten Teil aus den niederen Ständen stammenden armen Mädchen wahrscheinlich oft mehr «Latein» beibrachte, als ihnen lieb war.

Das Radix, vor allem die Venusposition im Horoskop Ludwigs, gibt erste Hinweise über das Sexualleben. VE-4-SA und VE-8-PL ist eine Kombination, die bei «Amoralität» im Sexuel-

5. HARMONIC

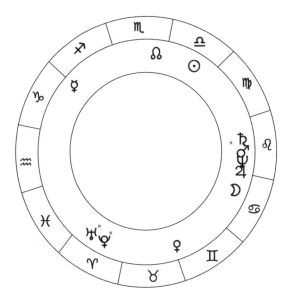

Abb. 31:
Louis XV – 5. Harmonic

len eine konkrete Entsprechung findet. Wir wollen uns hier aber auf das nicht so Offensichtliche konzentrieren und beschränken uns darum auf das 5er-Horoskop (sexuelle Neigungen).

Dieses zeigt zunächst MA-1-NE: Die Phantasiedimension ist ausgeprägt. Man hat das Gefühl, Ludwig suchte in seinen vielen sexuellen Begegnungen die Flucht, womöglich vom oft fast erdrückenden Ritual des Hofprotokolls. Doch Mars/Neptun spricht auch für eine gewisse Grausamkeit: Man findet oft dieses Planetenpaar – gewöhnlich als Konjunktion, Opposition oder Quadrat – in den Geburtsbildern von Menschen, die hemmungslos «über Leichen gehen» würden, um ihre Ziele zu erreichen. So finden wir zum Beispiel die Konjunktion bei Napoleon und Charles Manson (selbsternannter «Gott», der die grausamen

LaBianca-Tate Morde befahl; s. Seite 132). Bei Ludwig von Bayern hat sich dieser Aspekt eher selbstzerstörerisch ausgewirkt. Auschwitz-Kommandant Rudolf Höss hatte MA-NE in gradgenauer Konjunktion; Susan Atkins (die zusammen mit anderen die von Manson befohlenen Morde ausführte) hatte MA-8-NE. In seinem kalten, gewissenlosen Ausnutzen unzähliger Mädchen und Frauen hat Ludwig durchaus Grausamkeit gezeigt, auch wenn ihm eine im üblichen Sinne sadistische Veranlagung nicht nachzuweisen ist. Es sei daran erinnert, dass der Monarch eine Mars-Neptun-Konjunktion lediglich im 5. Harmonic hatte. Womöglich hätte er diese Kraft auf geistig-künstlerischen Gebieten einsetzen können. Durant berichtet: *«Er hatte einen guten Kopf und hätte viel leisten können, hätte es ihm nicht an Charakter gefehlt. Seine Umgebung staunte über sein Gedächtnis und seine Schlagfertigkeit. Von Natur aus zog er Spiele den Studien vor, aber er nahm doch gewisse Kenntnisse in sich auf, besonders in Latein, Mathematik, Geschichte, Botanik und Kriegsführung.»* (Durant 1982, S. 40).

Seine Neigung zu Spielen erinnert an Addeys Forschungen, die darauf hinwiesen, dass das 5. Harmonic sehr oft bei Sportlern ausgeprägt ist. Eine kurze Zusammenfassung der dem Quintil zugeschriebenen Eigenschaften – Spieltrieb, Sexualität, Zeugung, Kreativität im Allgemeinen – scheint «aus dem 5. Haus» herausgegriffen worden zu sein, obwohl es bei anderen Harmonics auf keinen Fall richtig wäre, ihre Zahlen mit den entsprechenden Häusern in Verbindung bringen zu wollen. So hat beispielsweise das Septil mit Haus VII wirklich nichts gemein.

Vielleicht hätte sich Ludwig im geistig-schöpferischen Bereich profilieren können. Er scheint es aber doch bevorzugt zu haben, seine «Quintilhaftigkeit» allein auf sexuellem Gebiet auszuleben. Außer der schon besprochenen MA-1-NE im 5. Harmonic hat der Mars auch noch Konjunktionen (obwohl mit weiteren Orben) zu Jupiter und Saturn. Hier sehen wir – in Bezug auf sein Geschlechtsleben, da festgestellt wurde, er lebte die «Fünfheit» vorzüglich auf dieser Ebene aus – seine wohl beträchtliche Potenz (Jupiter), die Neigung, eine außergewöhnliche Anzahl von

Geliebten zu «unterhalten», aber auch die Tatsache, dass ihm eine wirkliche Befriedigung nicht gegönnt wurde (Saturn). Letzteres würde erklären, warum er so kaltherzig seine einstigen Mätressen fallen lassen konnte. Der Saturn hat aber hier auch eine andere Bedeutung: Der König wurde oft wegen seiner sexuellen Ausschweifungen von Gewissensbissen geplagt, und schwankte mit zunehmendem Alter immer mehr zwischen dem Reich der Sinne und der Welt der Religion. Dieselbe melancholische Unzufriedenheit (Saturn), die ihn zur Ausschweifung trieb (SA-5-MA), bewirkte zugleich die Gegenreaktion: den Wunsch, sich vielleicht doch irgendwann mal disziplinieren zu können und sich voll und ganz einer fast an Bigotterie grenzenden Religiosität hinzugeben. Der innere Frieden war jedoch diesem strahlenden, aber im Grunde unglücklichen König zu Lebzeiten nicht gegönnt.

Wolfgang Amadeus Mozart

«Nicht nur der besondere Rang seiner schöpferischen Aussage macht Mozarts Werk ungewöhnlich, sondern auch der Umstand, dass es so außerordentlich umfangreich ist und eine Vielzahl von Registern aufweist, die alle musikalischen Gattungen umfasst. Obwohl ein nicht unerheblicher Teil der Kompositionen verloren ging oder unvollendet und damit zumeist uneditiert blieb, ist der Umfang des Zugänglichen und interpretierbaren Werkes immer noch so gewaltig, dass seine vollständige und intime Kenntnis nahezu unmöglich ist. Und was die Vielseitigkeit anbelangt, so kommt kein anderer Komponist darin Mozart gleich: Er ist der universalste aller unserer musikalischen Genien.» (Greither 1962, S. 113).

Und doch hat dieser einmalige Komponist nicht mal seinen 36. Geburtstag erlebt. Der Tod holte ihn am 5. Dezember 1791 ein. Schon als Kind war Mozart kompositorisch den meisten seiner komponierenden Zeitgenossen weit überlegen. Hier dürften wir im «kreativen» Bereich des 5. Harmonics einige ungewöhnlich markante Konstellationen erwarten. Schauen wir das 5er-Horoskop Mozarts an, so finden wir drei deutlich getrennte Gruppen

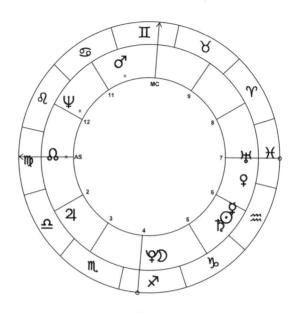

Abb. 32:
Wolfgang Amadeus Mozart – Radix
27.1.1756, 20:00 LMT, Salzburg, Österreich

von Planeten. Die Sonne-Merkur-Konjunktion war schon im Radix vorhanden, doch im 5. Harmonic kommen andere Planeten hinzu: Mars in Konjunktion und Jupiter/Uranus in Opposition zur Sonne. SO-2-UR scheint hier besonders stark zu sein, da der Orbis weniger als 1° beträgt. War dieser Aspekt tatsächlich für Mozarts kreatives Schaffen bezeichnend? Wieder zitiere ich Aloys Greither: «*Mozarts [Kompositions-] Schreibweise war nämlich intuitiv [SO-2-UR] und verschwenderisch [MA-2-JU] zugleich ...*» (ebda., S. 87). Spannungsaspekte zwischen Sonne und Uranus verhindern oft ein gleichmäßiges Fließen der Aktivitäten; hektische Arbeitswut wechselt zuweilen mit geistigen Erschöpfungszuständen ab. Dies war offensichtlich auch bei dieser Konstellation in Mozarts 5. Harmonic der Fall: «*Der Gegensatz*

5. HARMONIC

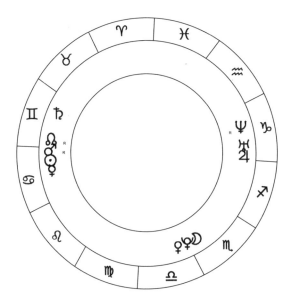

Abb. 33:
Mozart – 5. Harmonic

zwischen natürlichem Hang zur Trägheit [SO-1-SA im Radix-Horoskop] und äußerster Lebhaftigkeit des Geistes ist einer der vielen polaren Charakterzüge Mozarts. Das Ausweichen vor einer Arbeit, die fehlende Zeiteinteilung, das Nicht-fertig-Werden gehören ebenso zu Mozart wie die schnelle Affinität, die sein überaus beweglicher und Entsprechungen untrüglich witternder Verstand gegenüber allem Spirituellen hatte.» (ebda., S. 29) [(SO-1-ME) 2 UR im 5. Harmonic]

Eine besondere Eigenschaft von Menschen, bei denen das 5. Harmonic stark ausgeprägt ist, scheint ein inneres Gefühl der Einsamkeit zu sein, das parallel zu regen, schöpferisch-aktiven Phasen läuft. Bei Louis XV war dieses Merkmal sehr ausgeprägt, und Spuren davon sind auch im Charakter Hitlers zu erkennen. Und Mozart? *«So mag man begreifen, wie sehr dieser energiegeladene, agile Mann die Geselligkeit suchte ... wenn er auch, was die letzten Bezirke seines Geistes und seines Schöpfertums angeht, ein nicht minder – nur auf andere Weise – Einsamer war als Beethoven. Auch dieses Paradox ist kaum bekannt: sein frenetisches Verlangen nach Menschen und seine letzte Einsamkeit.»* (ebda., S. 29 f.)

Ein Hauptmerkmal der Musik Mozarts ist ihre erstaunliche Ausgewogenheit, eine himmlische Ästhetik, die Johannes Brahms (hier in Bezug auf Mozarts «Figaros Hochzeit») folgendermaßen beschrieb: «*Jede Nummer in Mozarts «Figaro» ist für mich ein Wunder; es ist mir absolut unverständlich, wie jemand etwas so Vollkommenes schaffen kann; nie wieder ist so etwas gemacht worden, auch nicht von Beethoven*» (zit. n. ebda., S. 142). Hier gibt das 5. Harmonic auch Auskunft: MO-1-PL-1-VE. Anmut, Schönheit und Ausgewogenheit des Gefühlsausdrucks (VE-1-MO), wobei Pluto nicht nur diese Eigenschaften intensiviert, sondern dem Ganzen auch einen Hauch von Magie verleiht. Da diese Tripelkonjunktion im 5er-Bild auftritt, könnte man vermuten, sie würde auch etwas über Mozarts Einstellung zum Erotischen aussagen, und tatsächlich scheint es so zu sein: «*Mozart ... brauchte für seinen Umgang mit den Menschen ein sinnliches Fluidum, das, je nachdem, von der Sympathie über die geistige Liebe bis zum Sexus reichen konnte. Sein Konnex zu den Menschen war nicht abstrakter Natur, sondern, auch im geistigen Bezug noch, von einer fast magnetischen – im Sinne Anton Mesmers – Verve getragen, die am besten mit dem Begriff «Eros» bezeichnet wird*» (ebda., S. 45). Eine recht gute Beschreibung von einer Pluto-Mond-Venus-Konjunktion im 5. Harmonic!

Ich möchte schließlich die Aszendentenposition in Mozarts 5er-Horoskop erwähnen. Wenn wir uns der Richtigkeit der angegebenen Geburtszeit einigermaßen sicher sind, ist es zuweilen interessant, die Aspekte zum Aszendenten in jedem Harmonic zu betrachten, da sie zeigen, wie die von den Planeten dargestellten Kräfte in des Menschen Umwelt «hineinprojiziert» werden können, oder mit anderen Worten, wie leicht es dem Individuum fallen wird, diese Energien in der konkreten Umwelt, in die er hineingeboren wurde, einzusetzen. In Mozarts 5er-Bild

5. HARMONIC

befindet sich der Aszendent auf 3°25' Krebs, also 1-MA, 1-SO, 1-ME, 2-UR und 2-JU; eine solche starke Aspektierung zeigt deutlich, dass Mozarts überragendes Genie sich in seiner Umgebung ohne Schwierigkeiten manifestieren konnte. (Siehe diesbezüglich auch den AC im 5. Harmonic Hitlers, der auch Teil eines Stelliums bildet.)

Adolf Hitler

Das Geburtsbild Hitlers liefert ein eindringliches Beispiel für die potenziell zerstörerische Kraft des 5. Harmonics. Das 5er-Horoskop zeigt eine wahrhaftig außergewöhnliche Konfiguration: Eine Konjunktion von Saturn, Mond, Jupiter, Neptun und Aszendent, alle in Opposition zum Merkur.

Das Quintil haben wir als «kreativ/destruktiv» bezeichnet; das 10. Harmonic (hier als Merkur in Opposition) bringt mehr «Tatendrang» ins Bild. Wir werden hier an die erstaunliche Kraft erinnert, die die Reden Hitlers auf einen beträchtlichen Teil der Bevölkerung ausübte; das Reden (Merkur) wurde aktiv und aggressiv (Opposition) angewandt, um das Volk (Mond) zu verführen (Neptun), zu maßregeln (Saturn) und nicht zuletzt zu einem Glauben an die unbegrenzten Wachstumsmöglichkeiten (Jupiter) der «arischen Rasse» zu bringen. Wenn wir nun den Mond als das Gefühlsleben des Mannes interpretieren, bekommen wir ein fast beklemmendes Bild davon, wie er selbst seine eigenen menschlichen Gefühle bei der Verfolgung seiner «kreativen» Pläne (MO-5-SA) für das «Großdeutsche Reich» (Radix-Saturn im Löwen, Haus X) unterdrückte, und auch wie er sich dabei oft täuschte (MO-5-NE), um endlich in den letzten Kriegsjahren manchmal gar nicht mehr die traurige Wirklichkeit von seinen Phantasien unterscheiden zu können.

In seinen Plänen für die Schaffung (5. Harmonic) seines Reiches war er nicht in der Lage, das gefühlsmäßig Erstrebte mit dem praktischen Verstand zu vereinen: MO-1-JU-2-ME. Das 5. Harmonic-Horoskop, verwandt mit dem Thema Schaffen/Zer-

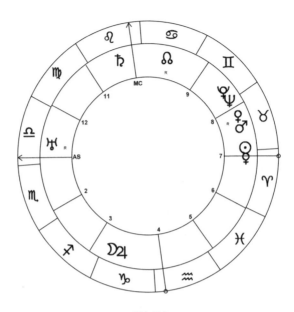

Abb. 34:
Adolf Hitler – Radix-Horoskop
20.4.1889, 18:30 LMT, Braunau, Österreich

stören und deshalb von besonderer Bedeutung für Menschen, die Neues planen und verwirklichen wollen, gibt im Falle Hitlers auch Aufschlüsse über den «persönlichen Magnetismus» des Führers, eine Qualität, die vor allem bei seinem Aufstieg von entscheidender Bedeutung war. So sehen wir hier die schon im Radix vorhandene Venus-Mars-Konjunktion, aber jetzt in engem Quadrat zu Pluto. Ein solcher Aspekt im Radix könnte auf ein sehr starkes Triebleben hinweisen, gepaart mit einer fast magischen sexuellen Anziehungskraft. Das Vorhandensein dieser kraftvollen Kombination im 5. Harmonic zeigt deutlich die unterschwelligen erotischen Untertöne, die von diesem Volksverführer ausgingen und die er – bewusst oder unbewusst – im Bereich seines «Schaffens» einzusetzen verstand.

5. HARMONIC

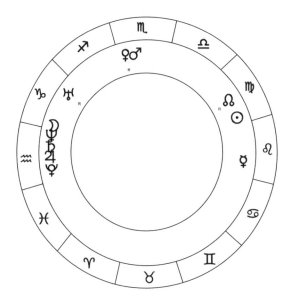

Abb. 35:
Adolf Hitler – 5. Harmonic

Hitler war in seiner Jugend künstlerisch tätig, was auf eine andere Auswirkungsform des 5. Harmonics hinweist. Zwar blieb ihm der Erfolg versagt, aber man muss sich fragen, ob ein Mann mit solchen Aspekten im 5er-Bild sich nicht doch als Künstler hätte bewähren können, hätte er ein solches Ziel mit demselben eisernen Willen und denselben ungeheuren Kräften verfolgt, die zu seinem politischen Aufstieg beitrugen. Hitler hatte gewählt, die Macht des 5. Harmonics in ihrer denkbar zerstörerischsten Form zu verwirklichen, und jeder weiß um die Folgen.

WIE DEUTET MAN EIN HARMONIC-HOROSKOP?

Steve

Als viertes Beispiel des 5. Harmonics habe ich das Geburtsbild eines jungen Mannes, der – jedenfalls bis jetzt – nicht der Öffentlichkeit bekannt ist. Ich möchte damit zeigen, dass das 5. Harmonic-Chart auch bei sogenannten «normalen» Menschen wichtige Aufschlüsse über das vorhandene kreative Potential geben kann.

Steves 5. Harmonic-Horoskop weist erstmals zwei Konjunktionen auf, die im Radix nicht vorhanden waren: MO-1-UR (nur 0°29' Orbis!) und VE-1-NE. Eine künstlerische Begabung machte sich während Steves Schuljahren bemerkbar. Ein Talent fürs Zeichnen und Malen ermöglichte ihm, nach dem Anschluss der High-School ein Kunststudium anzufangen. Venus-Neptun im 5. Harmonic verlieh ihm die nötige künstlerische Phantasie bei seinen Zeichnungen, doch auch ein starkes Interesse an der Fotografie und – der Musik. Seit seiner Kindheit hatte Steve Gitarrenunterricht gehabt, und aus dem einstigen Zeitvertreib wuchs eine Leidenschaft. Zur Rockmusik fühlte er sich am stärksten hingezogen, aber von Jahr zu Jahr fand er es immer langweiliger, die Werke anderer zu spielen, und entschloss sich endlich, selbst zu komponieren.

Im 5. Harmonic sehen wir eine mächtige Konstellation: (MO-1-UR)-2-SA, und alle drei im Quadrat zu Jupiter. Eine sehr starke, schöpferische Unruhe macht sich geltend, die ständig von Steve verlangt, dass er in der kreativen (in diesem Fall musikalischen) Tätigkeit ein Ventil findet für das, was er ausdrücken will. Trotz VE-1-NE sind Steves Lieder von der Stimmung her nicht als «romantisch» zu bezeichnen. Der Mond mit den schon erwähnten Aspekten im 5. Harmonic verlangt einen Gefühlsausdruck, den man gleichzeitig als gespannt, expansiv (Jupiter) und spontan-exzentrisch (Uranus) beschreiben könnte. Steves Lieder sind oft von einem starken, strengen (Saturn) rhythmischen Puls getragen, der den Gefühlsinhalten eine Eindringlichkeit verleiht, die manchmal fast hypnotisierend wirkt. Drei Themen kommen im-

5. HARMONIC

Abb. 36:
Steve – 5. Harmonic

mer wieder in Steves Liedern vor: das erstrebte Glück (MO-4-JU), die ständigen Frustrationen, denen man auf dieser Suche begegnet (MO-2-SA), und die endgültige Erkenntnis, dass am Ende nur eine überpersönliche Sichtweise (MO-1-UR) einen aus den Wirren der an sich nie zu befriedigenden Sehnsüchte befreien kann. Nicht unüblich bei der Rockmusik sind starke sexuelle Untertöne. Diese fehlen weder bei Steves Liedern noch bei den Auftritten, die er mit seiner Band veranstaltet. Steve, ein ausgesprochen gut aussehender junger Mann und schon in der Schule Liebling der Mädchen, wirkt mit der Radix-Sonne im Steinbock und Radix-AC im Löwen kühl und doch lebendig. VE-2-MA im 5. Harmonic gibt seinen musikalischen Auftritten eine erotische Spannung, deren Wirkung man in den Gesichtern der jungen weiblichen Zuhörer leicht ablesen kann. Doch mit MO-2-SA im

5. Harmonic ist Steve seiner Freundin treu, trotz seiner Popularität bei den Frauen. Die Spannungen im 5er-Horoskop werden eingesetzt zugunsten seines musikalischen Schaffens, und nicht etwa im Bereich eines «ausschweifenden» Geschlechtslebens.

Aber die Spannungen scheinen ihm auch – zumindest bis heute – den Erfolg versagt zu haben. Die Konkurrenz auf diesem Gebiet ist vor allem in den USA ungeheuer stark. Da im 5. Harmonic-Chart seine Sonne nicht gerade gut in den kräftigsten Aspektbilder integriert ist, könnte es ihm schwer fallen, sich in der harten Welt des Rocks durchzusetzen. Steve überlässt auch das Arrangieren der Konzerttermine einem andern Musiker seiner Band, der zwar weniger künstlerisches Talent besitzt als er selbst, doch zum «Managen» durchaus eine Begabung hat. Steve wartet noch auf den «Durchbruch», und – immerhin erst einundzwanzigjährig – denkt nicht daran, aufzugeben. Er würde lieber mit wenig Geld leben als seiner Kunst den Rücken zu kehren. Für ihn ist nur wichtig, weiter zu musizieren und zu komponieren, wie er sagt. Die beträchtliche kreative Energie seines 5. Harmonic-Horoskops besteht darauf, freigesetzt zu werden!

7. Harmonic

E. T. A. Hoffmann

Zunächst einige biographische Informationen, zitiert aus *Die Klassiker der deutschen Literatur* von Günther Fetzer:

«Ernst Theodor Wilhelm Hoffmann, der aus Verehrung für Mozart seit 1815 als dritten Vornamen Amadeus führte, kommt aus einer zerrütteten ostpreußischen Juristenfamilie; der Vater war Alkoholiker, die Mutter hochgradig hysterisch. Die Literaturgeschichte rechnet ihn zu den skurrilsten Dichterfiguren, nennt ihn den ‹Gespenster-Hoffmann›, und doch war er im Hauptberuf ein für seine Zivilcourage bekannter Jurist. ... Hoffmann war eine ausgesprochen vielseitige Begabung: Er war Maler, Zeichner und Karikaturist, ein Talent, das ihm 1802 eine Strafver-

7. HARMONIC

setzung eintrug. Er war Musiker, Kapellmeister und Komponist, seine Oper «Undine» wurde 1816 in Berlin mit großem Erfolg aufgeführt. Er war ein bedeutender Musikkritiker, der sich sehr für Beethoven und den fast vergessenen Bach engagierte. Und er war einer der wenigen deutschen Schriftsteller des 19. Jahrhunderts, die weltliterarische Bedeutung erlangt haben; Baudelaire in Frankreich, Poe in Amerika und der junge Dostojewski in Russland gehörten zu seinen Bewunderern.» (Fetzer 1983, S. 196f.)

Erinnern wir uns an die Bedeutungen des 7. Harmonics: die Inspiration hinter der Kreativität; die Phantasien, die wir haben, und auch der Kontakt zu feineren Ebenen der Wirklichkeit, sei diese in uns selbst (das Unbewusste) oder im «jenseitigen» Bereich.

Das 7. Harmonic-Chart E. T. A. Hoffmanns ist extrem stark, und das soll uns nicht wundern: Sowohl das Leben dieses Mannes wie auch sein künstlerisches Werk scheinen direkte Manifestationen von «Septilhaftigkeit» zu sein. Drei gradgenaue, im Radix nicht vorhandene Konjunktionen bilden hier die Schwerpunkte: SO-1-SA, MA-1-UR und JU-1-NE. SO-1-SA steht in Opposition zu JU-1-NE, ein Konflikt also zwischen Konservatismus, Realismus einerseits und dem Uferlosen, Haltlosen andererseits. Das wirkte sich in Hoffmanns Leben folgendermaßen aus: «... *diese vielseitige und zugleich problematische Künstlernatur hat nicht einfach ein Doppelleben als braver Justizbeamter bei Tag und zechender und ausschweifender Exzentriker bei Nacht geführt, er hat sich vielmehr mit den Fragen der Psychopathologie, des Wahnsinns, des damals modischen «Magnetismus» auseinandergesetzt, er hat eingehende naturwissenschaftliche und medizinische Studien betrieben*» (ebda., S. 197). Der von mir hervorgehobene Passus ist offensichtlich eine Beschreibung der Auswirkungen von SO-1-SA in Opposition zu JU-1-NE. Hoffmanns wissenschaftliche Neigungen weisen auf Saturn hin, während das Interesse an der menschlichen Psyche, ja an «Grenzgebieten der Wissenschaft» überhaupt seine Bestätigung in der Jupiter-Neptun-Konjunktion findet. Es scheint,

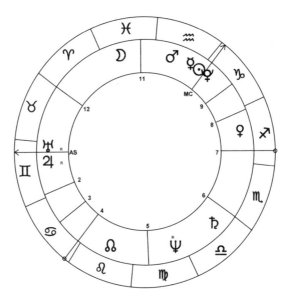

Abb. 37:
E. T. A. Hoffmann – Radix-Horoskop
24.1.1776, 11:50 LMT, Kaliningrad, Russland

als ob Hoffmann diese zwei Seiten im wirklichen Leben nicht miteinander versöhnen konnte. Da aber jede für sich in seiner Persönlichkeit sehr stark vertreten war (beide Konjunktionen sind gradgenau), führten sie zu einer Art doppelter Persönlichkeit. Dies war auch das Thema vieler seiner Werke: «*Motive, die in Hoffmanns Werken immer wieder auftauchen, wie Persönlichkeitsspaltung und Doppelgängertum, Identitäts- und Realitätsverlust sowie Verfolgungswahn zeigen, dass die Integration des Individuums in die Gesellschaft gestört ist*» (ebda., S. 197). Man darf vermuten, hätte Hoffmann nicht als «Ventil» für diese Inhalte sein künstlerisches Schaffen eingesetzt, würde er möglicherweise mit psychischen Störungen zu tun gehabt haben, die ihn von der Realität ganz entfernt hätten. Ein starkes 7. Harmonic zeigt oft, dass die in-

7. HARMONIC

Abb. 38:
E. T. A. Hoffmann – 7. Harmonic

nere Phantasiewelt äußerst «belebt» ist. Wenn man diese Inhalte nicht «an die Oberfläche» bringt, um sich mit ihnen bewusst auseinanderzusetzen, agieren sie weiter im Verborgenen, und versuchen ständig, uns allerlei Trugbilder vorzuspiegeln. Dieser Vorgang erinnert mich persönlich an Goethes Gedicht «Erlkönig», wo der jenseitige Unhold versucht, den mit seinem Vater reitenden Knaben der Welt der Lebenden zu entreißen. Der Erlkönig spricht:

Willst, feiner Knabe, du mit mir gehn?
Meine Töchter sollen dich warten schön;
Meine Töchter führen den nächtlichen Reihn
Und wiegen und tanzen und singen dich ein.

Hier haben wir ein Sinnbild für die Kräfte des 7. Harmonics. Sie beschwören uns, «mit ihnen zu gehen» in eine Welt, wo alles schöner sein soll, sagen uns aber nicht, dass diese Welt irreal ist. Wollten wir uns ihr völlig widmen, so müssten wir damit rechnen, dass Geistesgestörtheit oder gar der Tod der Preis wäre, den wir für unsere Realitätsflucht zahlen müssten. Wenn wir aber zulassen, dass diese Inhalte ins Bewusstsein auftauchen, und wir gleichzeitig versuchen, sie zu verstehen (durch rationale Analyse) oder sie als «Inspirationen» für kreatives Schaffen zu verwenden, sind sie nicht mehr annähernd so gefährlich. Septile, wie alle anderen Aspekte auch, wollen lediglich in unser Leben integriert werden. Leider leben wir heutzutage in einer Welt, die weitgehend «phantasiefeindlich» ist. Wir werden schon in der Schule erzogen, «mit beiden Füßen auf der Erde zu stehen», logisch und rational zu denken und nur das gelten zu lassen, was für uns messbar und wissenschaftlich analysierbar ist. Tätig zu sein, Geld zu verdienen und sich in der Gesellschaft zu behaupten (2. Harmonic-Reihe) seien «gute» Beschäftigungen, sich der privaten Phantasiewelt hinzugeben sei dagegen denkbar schlecht. So wird es uns ständig eingetrichtert. Natürlich werden Künstler, die einen großen Teil ihres Schaffens ausgerechnet den inspirativen Kräften des 7. Harmonics zu verdanken haben, durchaus von der Gesellschaft gewürdigt – aber erst dann, wenn sie sich auch «durchgesetzt» haben, wenn sie bewiesen haben, dass sie ihre Begabung dafür einsetzen können, reich oder berühmt zu werden. Die einzigen armen Künstler, die man zu würdigen weiß, sind normalerweise nur die Toten, da diese «ungefährlich» sind. Was sagt doch der liebe Papa, wenn die zwanzigjährige Bettina einen sehr begabten, doch armen Musiker nach Hause bringt und kundtut, sie möchte ihn heiraten? «Aber Kind, *den* doch nicht, wovon wollt ihr denn leben?» Sicherlich eine verständliche Sorge. Bettina lässt sich überreden, heiratet doch lieber den jungen Geschäftsmann von nebenan, der es auf jeden Fall «zu was bringen wird». Damit entscheidet sie sich für die «materielle» Welt, und denkt von Jahr zu Jahr immer «praktischer». Aber dafür muss sie ihre schwärmeri-

7. HARMONIC

schen Phantasien fast gänzlich unterdrücken. Und was geschieht, wenn sie Anfang vierzig ist? Die «septilhaften» Inhalte rebellieren, drängen – scheinbar, aber nur scheinbar – über Nacht an die Oberfläche, und die «arme», nunmehr finanziell reiche Bettina hat einen kompletten Nervenzusammenbruch und muss in eine psychiatrische Klinik. «Wie konnte nur so was passieren?» fragen sich dann die Verwandten. Aber «rational», wie sie nun mal sind, entschließen sie sich, das Beste aus der Situation zu machen: Den Nachbarn wird erzählt, Bettina habe für eine Weile entfernte Verwandten in Amerika besucht. Die Eltern finden zumindest Trost in der Tatsache, dass Bettinas Mann sich die besten Ärzte für ihre Tochter leisten kann. Der Psychiater verschreibt der Kranken Medikamente, sie scheint sich zu «normalisieren», und nach einigen Wochen darf sie nach Hause. Alle freuen sich, dass Bettina jetzt wieder «normal» leben kann – das heißt, solange sie nicht versäumt, ihre Medikamente regelmäßig einzunehmen!

So etwas kommt erschreckend oft vor. Heutzutage gibt es natürlich viele Möglichkeiten der Psychotherapie, die dem Patienten helfen kann, seine Konflikte wirklich zu bewältigen, anstatt sie nur medikamentös zu betäuben. Doch Therapie fordert oft einen enormen Zeitaufwand, den ein Psychiater oft leider nicht für jeden einzelnen Patienten aufbringen kann. Wie viel sinnvoller wäre es, wenn jeder versuchen würde, schon im jungen Alter sich selbst und seine Bedürfnisse wirklich kennenzulernen! Das 7. Harmonic-Bild zeigt oft gerade die psychischen Inhalte, die in so vielen Fällen verborgen bleiben, bis es zu spät ist.

Hoffmanns MA-1-UR im 7. Harmonic bezeugt die oft vorkommende Skurrilität seiner Einfälle und auch seinen Humor: *«Zwischen Spätromantik und Frührealismus ist so ein literarisches Werk entstanden, das bevölkert ist mit Elementargeistern und Kobolden, Konversation treibenden Affen, diskutierenden Hunden und literarischen Katern und das doch immer einen Spiegel ganz realer Ängste der Menschen darstellt. Gestaltet ist diese literarische Welt mit einem Humor, der weit jenseits aller aggressiven Satire und des giftigen Spotts liegt...»* (ebda., S. 197).

Von MA-1-UR würde man normalerweise durchaus eine gewisse Aggression erwarten, doch in Hoffmanns 7er-Bild steht diese Konjunktion im Aspekt (Quintil bzw. Biquintil) zu Mond und Venus, die den «Biss» von MA-1-UR sehr abschwächt, ja sogar verharmlost.

Das 7. Harmonic E. T. A. Hoffmanns gibt uns einen wichtigen Schlüssel zum Verständnis seiner künstlerischen Inspiration, doch nicht jeder ist gewillt, die Kräfte des Septils auf schöpferische Weise zu verwirklichen, wie das nächste tragische Beispiel verdeutlicht.

Charles Manson

Im August 1969 wurde ganz Amerika von der Nachricht zweier Verbrechen schockiert, die im sonnigen Kalifornien begangen worden waren. Eines der Mordopfer war Sharon Tate, die bekannte Schauspielerin und Ehefrau des Filmregisseurs Roman Polanski.

Eine Gruppe von verwahrlosten, zum Teil drogenabhängigen «Hippies» (so wurden sie manchmal beschrieben, obwohl echte «Hippies» mit Recht jegliche Verwandtschaft mit solchen Gewaltverbrechern von sich weisen würden) waren in zwei Häuser eingebrochen, und hatten die Anwesenden kaltblütig ermordet. Vor allem der Mord an Sharon Tate, die zu der Zeit hochschwanger war, empörte das ganze Land. Von einem weiblichen Mitglied der Bande, Susan Atkins, festgehalten, wurde sie von den anderen Tätern mit vielen Messerstichen erstochen. Es folgt das Horoskop Charles Mansons, der diese Morde zwar nicht ausgeführt, aber doch befohlen hatte. Manson war der Chef der Bande, der größenwahnsinnige Anführer, der sich oft «Jesus Christus» nannte und von seinen süchtigen Anhängern als ein Halbgott angesehen wurde. In Wirklichkeit war er nichts anderes als ein kleiner, krimineller Geistesgestörter, der seine ersten Straftaten schon in früher Jugend begangen hatte. Können wir mit Hilfe des 7. Harmonics herausfinden, was ihn zu solchen Greueltaten trieb, also die kranken Phantasien, die ihn überzeugten, Herr über Leben und Tod seiner Mitmenschen zu sein? Schauen wir uns das 7er-Bild an.

7. HARMONIC

Meines Erachtens liegt hier der Schlüssel in der sehr engen (0°10' Orbis) Konjunktion zwischen Saturn und Pluto. Um aber den Aspekt in diesem Falle richtig zu verstehen, müssen wir die Häuserpositionen dieser zwei Planeten in Mansons Radixhoroskop betrachten. Saturn steht am Anfang von Haus 11; Pluto ist im 4. Haus in IC-Nähe. Diese Pluto-Position kann für sehr starke seelische Kräfte sprechen. Oft ist es so, dass Menschen mit dieser Pluto-Stellung eine geradezu enorme seelische Macht haben. Mir ist zum Beispiel eine Frau mit dieser Konstellation bekannt, die stark jungfraubetont ist und die im Allgemeinen sehr reserviert und eher schüchtern wirkt. Doch in Krisenzeiten demonstriert sie eine Stärke, die sogar ihre Familie überrascht. Manson war sich zweifellos dieser Macht bewusst, und er setzte sie ein, um seine Anhänger völlig zu beherrschen. Einige sagten später, er hätte geradezu hypnotische Kräfte, denen die seelisch labilen Mitglieder seiner Kommune keinesfalls gewachsen waren. Saturn im 11. Haus weist darauf hin, dass Manson im Grunde ein Einzelgänger war. Echte Freunde hatte er wahrscheinlich nicht. Gewisse Züge dieses Radix erinnern mich stark an das Geburtsbild Adolf Hitlers: Uranus aufsteigend im 12. Haus, mehrere Planeten in Deszendenten-Nähe, die Betonung auf fixen Zeichen. Manson wie Hitler betrachteten sich als «Revolutionäre»; beide hatten auch Saturn in der ersten Hälfte des 4. Quadranten. Sie wollten sich also als Erneuerer zeigen, doch sobald sie die Macht hatten, benutzten sie diese, um ihre Mitmenschen völlig zu unterdrücken. In beiden Fällen zeigte sich also Saturn im Gesellschaftsquadranten von seiner denkbar schlechtesten Seite.

Glücklicherweise waren Mansons Machtmöglichkeiten auf seine «Familie» beschränkt; doch innerhalb dieser Gruppe zusammengewürfelter Asozialer war es immer klar, wer das Sagen hatte. Wenn z.B. ein neues Mädchen in die Gruppe eintrat, musste sie sich den anderen sexuell ausliefern, sonst wurde sie auf «Charly's» Befehl einfach überwältigt und vergewaltigt. Wir erinnern uns, dass das 7. Harmonic auch mit den sexuellen Phantasien eines Menschen zu tun hat: Manson's SA-1-PL in

WIE DEUTET MAN EIN HARMONIC-HOROSKOP?

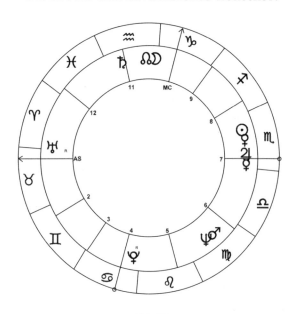

Abb. 39:
Charles Manson – Radix-Horoskop
12.11.1934, 16:40 EST, Cincinatti OH, USA

diesem Horoskop zeigt starke Machtphantasien, also auch im geschlechtlichen Bereich.

Ich habe mehrmals beobachtet, dass Saturn und Pluto im Septil auf psychische Störungen hinweisen. Das muss natürlich nicht immer so sein. Bei Manson steht jedoch dieses Planetenpaar in ganz engem Aspekt. Hinzu kommt die Tatsache, dass Manson weit davon entfernt war, ein «spirituell entwickelter» Mensch zu sein – im Gegenteil, er scheint nur die niedrigsten Möglichkeiten seiner Konstellationen verwirklicht zu haben.

Zu der schon im Radix vorhandenen Mars-Neptun-Konjunktion gesellt sich nun im 7er-Bild der Jupiter. Manson litt an einem «Messias-Komplex», was hier durch Neptun und Jupiter symbolisiert wird, wollte aber mit Gewalt (Mars) seine «Sen-

7. HARMONIC

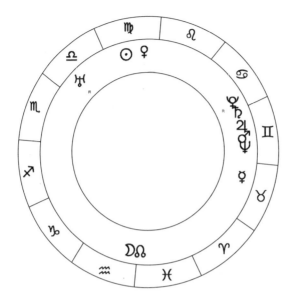

Abb. 40:
Charles Manson – 7. Harmonic

dung» verwirklichen. Er war Rassist, doch er hoffte, dass die Schwarzen eines Tages die Weißen in einem furchtbaren Rassenkrieg besiegen würden. Nachdem die Schwarzen, nunmehr an der Macht, im Laufe der Nachkriegszeit erkannt hätten, sie seien von Natur aus zu «dumm», um Amerika zu regieren, würden sie endlich zu ihm – Charly Manson – kommen, und ihn bitten, die Zügel des Staates in die Hand zu nehmen. So hätten sich dann die Prophezeiungen erfüllt, die er in verschieden Liedern der «Beatles» in verschlüsselter Form wahrzunehmen glaubte. Eine wahrhaft verstiegene Form von krankhafter Selbstüberschätzung! Mansons SO-4-JU im 7. Harmonic scheint auch eine Entsprechung zu seinem Größenwahn zu liefern. Sein Machtdrang kannte keine Grenzen.

WIE DEUTET MAN EIN HARMONIC-HOROSKOP?

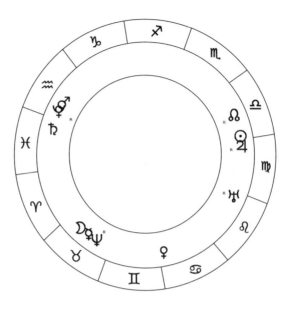

Abb. 41:
Celeste – 7. Harmonic

Celeste

Das Horoskop von Celeste zeigt uns eine angenehmere Seite des 7. Harmonics. Von mörderischem Größenwahnsinn kann hier nicht die Rede sein. Celeste ist zwar recht außergewöhnlich, doch aus einem ganz anderen Grund: Celeste ist hellsichtig.

Aufgefallen sei ihr das erst mit etwa fünfzehn Jahren, erzählte sie mir. Eines Nachts hatte sie einen Traum, in dem sie einen Brief von einer gewissen Freundin erhielt. In dem Brief erzählte die Freundin, dass deren Vater gestorben sei. Celeste wachte schweißgebadet auf, ging hinunter zum Frühstückstisch, und fand einen Brief – von derselben Freundin und mit demselben tragischen Inhalt, wie sie nur eine Viertelstunde zuvor im Traum

7. HARMONIC

gesehen hatte! Im Laufe der Jahre häuften sich solche «Visionen». Ich möchte von einem Beispiel von Celestes Hellsichtigkeit erzählen, das meine Familie selbst bezeugen kann (Celeste ist uns seit vielen Jahren bekannt), und das wirklich erstaunlich ist.

Vor einigen Jahren war ein sechzehnjähriger Junge von seinem Haus in der amerikanischen Kleinstadt, wo meine Familie lebt, verschwunden. Die Polizei glaubte, er sei weggelaufen, und womöglich nach New York oder Miami gereist. Solche Fälle kommen ab und zu vor. Natürlich war die Sache bald das (Klein-)Stadtgespräch, und die meisten teilten die Meinung der örtlichen Polizei. Aber nicht Celeste. Sie hatte den Jungen überhaupt nicht gekannt, doch jedes Mal, als von ihm die Rede war, empfand sie eine tiefe Unruhe, von einer bedrückenden Traurigkeit gefolgt. Und jedes Mal sagte sie dann: «Er ist nicht weggelaufen, ihm ist etwas passiert.» Sie konnte anderen nicht erklären, warum sie so was fühlte, aber sie war sich «irgendwie» sicher. Dann, eines Nachts, hatte Celeste folgenden Traum:

Im Traum las sie einen Artikel in der Lokalzeitung, in dem geschrieben stand, dass die Leiche des Jungen gefunden wurde. Er sei entführt, gefoltert und schließlich per Kopfschuss hingerichtet worden. Nachdem sie noch ein paar weitere Details gelesen hatte, dachte sie plötzlich an die Kreuzigung Jesu. Sie wachte auf, und fragte sich sofort, was das Ganze mit dem Tode Jesu zu tun hätte. Sie erzählte den Inhalt ihres gruseligen Traumes mehreren Personen, einschließlich meinem Bruder und meiner Mutter. Alle fanden ihn natürlich entsetzlich, doch keiner nahm die Sache besonders ernst. Mehrere Wochen später kam Celeste meine Familie besuchen und wurde von meinem Bruder, der merkwürdig blass im Gesicht war, empfangen. Er zeigte Celeste die letzte Ausgabe von der Zeitung – und auf der ersten Seite war genau derselbe Artikel, den sie viele Wochen vorher – geträumt hatte! Alle Details stimmten haargenau mit ihrer Vision überein. Es wurde auch berichtet, dass die Leiche am Karfreitag gefunden wurde; daher der Gedanke an die Kreuzigung Jesu! Ich muss gestehen, ich könnte einen solchen erstaunlichen Bericht von Hellsichtigkeit wahrscheinlich überhaupt nicht so recht glauben, hätte meine eigene Familie ihn nicht bezeugt. Doch die Tatsachen lassen der Skepsis wenig Raum: Celeste scheint in der Tat hellsichtig zu sein.

Wenn wir Celestes 7. Harmonic anschauen, finden wir sofort eine Entsprechung: MO-1-ME-1-NE. Mond/Neptun bedeutet hier die «Hellsichtigkeit im Schlaf», und es scheint, als ob der Merkur es ihr erlaubt, nach dem Aufwachen ihre Trauminhalte anderen gegenüber zu artikulieren. Sie kann tatsächlich sehr präzise erzählen. Sie ist eine junge Dame von scharfem Verstand. Die Mars-Pluto-Konjunktion im 7. Harmonic weist auf einen Umstand hin, der Celeste gar nicht so lieb ist: In ihren «visionären» Träumen erfährt sie fast immer nur Negatives; Tod, Gewalt, Leid von anderen. Pluto steht in Opposition zu Uranus, und es sind manchmal nicht nur gewaltige, sondern auch plötzlich eintretende Ereignisse, die sie vorhersieht. Uranus spricht auch für Nervosität: Celeste fühlt sich tatsächlich von diesen Visionen oft nervlich angegriffen und fragt sich oft, ob sie «verrückt» sei. Was könnte sonst für sie, die keine esoterische Vorbildung besitzt, eine «rationale» Erklärung für diese «wahnsinnigen» Träume sein?

Glücklicherweise lernt sie im Laufe der Zeit mit ihrer besonderen Begabung zu leben. Sie sagte mir voriges Jahr, dass sie in ihren Träumen in letzter Zeit sogar einige positivere «Eingebungen» hatte, und glaubt, dies wäre dem Umstand zu verdanken, dass sie allmählich anfängt, ihre Fähigkeit als etwas Natürliches anzusehen. Mit SO-1-JU im 7er-Bild könnte sie meiner Meinung nach vielleicht sogar eine bewusste Kontrolle ihrer Visionen erlangen, wonach sie dann in der Lage wäre, ihre Begabung zum Wohl ihrer Mitmenschen einzusetzen. Angst zu haben wäre für sie die schädlichste Reaktion; Klarheit des Geistes ist wichtig, damit sie dasjenige verstehen kann, was sie von anderen Ebenen «empfängt».

Celeste ist erst 31 Jahre alt. Wünschen wir ihr, dass sie im Laufe der Jahre immer mehr lernt, ihrer «Kräfte» Herrin zu werden, und dass sie erkennt, warum das Leben ausgerechnet sie auf so besondere Weise beschenkt hat!

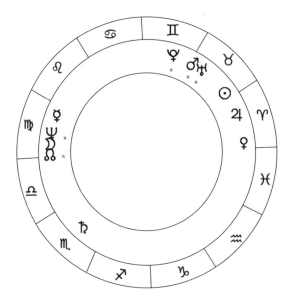

Abb. 42:
Martina – 7. Harmonic

Martina

Das 7. Harmonic-Bild Martinas ist wie die bisherigen Beispiele sehr stark ausgeprägt, aber diese wache junge Frau ist weder Hellseherin, noch ein literarisches Genie, noch (Gott sei Dank!) eine Mörderin. Sie ist eher ein «normaler Mensch», zeigt uns aber trotzdem, wie wir mit den Kräften des Septils im Leben gut zurechtkommen können. Martina ist noch nicht einmal 23 Jahre alt, doch das merkt man ihr nicht an: Sie strahlt eine menschliche Reife aus, die sie wesentlich älter erscheinen lässt. Ihre Augen verraten nicht nur Intelligenz, sondern auch einen kritischen Verstand, der bei einem Menschen ihres Alters außerordentlich ist. In Diskussionen ist sie fast jedem gewachsen, und ich müsste es wissen: Martina war während vieler Monate

Astrologieschülerin von mir und stellte oft Fragen, die mich zuweilen an meine Grenzen brachten! Sie durchschaut Menschen und Situationen mit oft erstaunlicher Sicherheit, eine Fähigkeit, die ihr bei der astrologischen Arbeit sehr behilflich ist. Trotz ihrer intellektuellen Überlegenheit ist sie im Grunde bescheiden. Sie weiß zwar, was sie will, und ist bei der Verfolgung ihrer Ziele äußerst konsequent, doch das Menschliche ist ihr am allerwichtigsten.

Ihr 7er-Bild ist vor allem bemerkenswert, da es so viele Septile enthält. Ein Septil im 7. Harmonic weist darauf hin, dass die betreffenden Planeten im 49. Harmonic als Konjunktionen erscheinen würden. Ich weiß noch nicht, wie ein Aspekt der 49er-Reihe spezifisch zu deuten wäre; hierfür wäre mehr Forschungsarbeit notwendig. Doch ist wohl anzunehmen, dass sie in erster Linie als «subtilere» Septile anzusehen sind. Martina ist in der Tat eine sehr feinsinnige Person. Eine Widder-Sonne im Radix-Horoskop lässt sie manchmal recht burschikos erscheinen, aber wenn man sie näher kennt, staunt man oft über ihre Feinfühligkeit. In der Musik bevorzugt sie Klassik, vor allem die Werke Mozarts und Bachs. Diese Musik scheint sie zuweilen auf eine andere Ebene zu versetzen. Bei Menschen spürt sie oft intuitiv, was mit ihnen los ist, was für Probleme sie haben und wie man mit ihnen umgehen sollte. Martina plant, später als Astrologin und Beraterin zu arbeiten, und ihr Spürsinn, kombiniert mit ihrer sezierenden Intelligenz, führt sie gewiss zum beruflichen Erfolg.

SO-3-ME im 7. Harmonic lässt darauf schließen, dass Martina ihren Intuitionen ohne Schwierigkeiten verbalen Ausdruck verleihen kann. Die Intuitionen selbst sieht man an der Mond-Neptun-Konjunktion. Beide stehen in Konjunktion zum Aszendenten, was auf zweierlei Weise zu deuten wäre: Einerseits kann sie sich ihre Feinfühligkeit in ihrer Umgebung (AC) praktisch zunutze machen, andererseits ist sie umso empfänglicher für die Eindrücke, die aus dieser Umgebung stammen. Der Neptun – hier 1-MO und 8-SO – könnte theoretisch eine gewisse

Gefahrenquelle andeuten: Ein Zuviel an Phantasie und seelischer Empfänglichkeit kann zu Trugbildern führen, die das Leben in der echten Welt erschweren könnten. Doch zum Glück finden wir diesen Neptun vom wirklichkeitsnahen Saturn durch Sextil aspektiert: Martina mag zwar phantasievoll sein, aber sie hat durchaus beide Füße auf dem Boden der Realität. Jupiter hat keine Konjunktion, aber dafür drei Septile im 7. Harmonic: Könnte es so sein, dass Martina ihr Glück in einem wachsenden spirituellen Bewusstsein sucht?

Inwiefern Martina das volle Potential ihres 7. Harmonic-Chart im Laufe ihres Lebens entfaltet, ist natürlich noch nicht abzusehen. Ihr Wille zur Weiterentwicklung wird hier letzten Endes der entscheidende Faktor sein. Aber das 7er-Bild kann gerade in solchen Fällen von unschätzbarem Wert sein, indem es uns etwas über den Grad der Feinfühligkeit eines Menschen aussagt, damit wir diesem helfen können, die eigene psychische Empfänglichkeit positiv zu entwickeln und gesund in sein Leben zu integrieren.

9. Harmonic

Nicolaus Kopernicus

«Es ist nun alles durchdacht und niedergeschrieben, es wird vor der Welt bestehen können. Nehmt das Manuskript und lasst es nach Eurem Gutdünken drucken.» Ein halbes Jahr nach dieser so formulierten Druckerlaubnis für sein Lebenswerk starb Kopernikus, und in seinem Todesjahr erschien bei dem Nürnberger Drucker Johann Petrejus sein bahnbrechendes De Revolutionibus Orbium Coelestium. *Das Buch handelte von der Umdrehung der Himmelskörper, und es beendete die nahezu zweitausendjährige Herrschaft des Ptolemäischen Weltsystems, das die Erde in den Mittelpunkt des Kosmos gestellt hatte. Kopernikus' erster Satz lautete: «Die Erde bewegt sich um ihre Achse und täuscht somit den Himmelsumschwung nur vor.» Sein zweiter: «Nicht die Sonne*

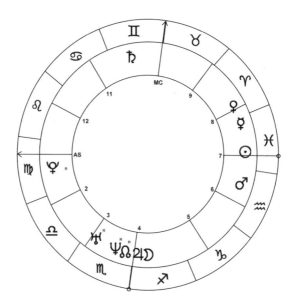

Abb. 43:
Nicolaus Kopernicus – Radix-Horoskop
19.2.1473, 17:17 LMZ, Torun, Polen

zieht ihre schiefe Jahresbahn um die Erde, sondern die Erde schwingt mit schiefgestellter Achse um die Sonne», und der dritte: «Die Erde ist nur einer der um die Sonne kreisenden Planeten.» Damit war das alte Weltbild erschüttert, die Stellung des Menschen im All verschob sich, eine neue Zeit war angebrochen» (Engasser 1977, S. 251).

Welche Anzeichen für diesen «weltbewegenden Erfolg» des astronomischen Forschers Kopernikus gibt es in dessen 9. Harmonic-Horoskop? Ein geschlossenes 3er-Bild weist am deutlichsten darauf hin. Mars als Symbol für die Tätigkeit eines Menschen ist hier der Schlüsselplanet. Er steht: 3-UR, 3-NE, 9-PL; somit hat er Verbindungen zu allen drei transsaturnischen Planeten. Das Uranus-Trigon symbolisiert auf persönlicher Ebene Kopernikus' mathematisch-technische Fähigkeiten,

9. HARMONIC

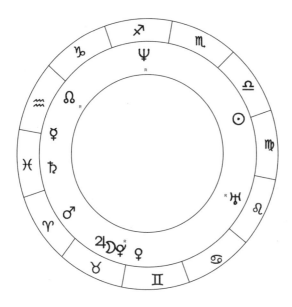

Abb. 44:
Nicolaus Kopernicus – 9. Harmonic

die für einen Astronomen von größter Wichtigkeit waren. Im Rahmen seiner Wirkung auf die damalige Wissenschaft steht das Uranus-Trigon für das Revolutionäre und Zukunftsweisende seiner Theorie. MA-3-NE weist darauf hin, dass Kopernikus mit seiner Lehre nicht nur die Erde aus dem Mittelpunkt des Kosmos verrückte, sondern auch den Menschen seiner Zeit mit einer schier grenzenlosen Welt konfrontierte (Neptun).

Das Novil Mars/Pluto deutet auf die Wandlung hin, die Kopernikus mit den Ergebnissen seiner wissenschaftlichen Tätigkeit sowohl in der Astronomie wie auch in dem Bewusstsein der Menschen bezüglich ihrer Stellung im Weltall auslöste. Nicht alle freuten sich aber über die neuen Erkenntnisse. Kopernikus' Theorien verursachten eine ungeheure Aufregung in konservativen wissenschaftlichen Kreisen, und sowohl die protestantischen wie katholischen Kirchen, die einen nicht wiedergutzumachenden Autoritätsverlust befürchteten, falls bewiesen würde, die Erde sei doch nicht Mittelpunkt der göttlichen Schöpfung, kritisierten und verleumdeten den genialen Astronomen.

Martin Luther war auf religiösem Gebiet zwar selbst ein «Revolutionär», zögerte aber nicht, Kopernikus zu verdammen: *«Der Narr will die ganze Kunst Astronomia auf den Kopf stellen. Und doch war es, wie die heilige Schrift sagt, die Sonne und nicht die Erde, der Josua befahl, stillzustehen»* (Hermanowski 1976, S. 116).

Diese heftigen intellektuellen Auseinandersetzungen sind auch im 9. Harmonic angezeigt: Merkur Quadrat Pluto ist ein Aspekt, der oft auf Streitsucht und dogmatische Besserwisserei hinweist. Kopernikus musste diese ungerechten, fanatischen Angriffe über sich ergehen lassen, hat also diesen Aspekt eher in der Leideform erlebt. Doch entsprechend der positiven Marskonstellation im 9. Harmonic konnte sich die kopernikanische Lehre letztlich durchsetzen.

Napoleon

Am 2. Dezember, 1804 wurde Napoleon I. in Notre-Dame zum Kaiser der Franzosen gekrönt; er hatte das 35. Lebensjahr noch nicht vollendet. Es war der Höhepunkt einer atemberaubenden militärischen und politischen Karriere, die in der Geschichte kaum ihresgleichen findet. Sicherlich wäre es interessant, alle Harmonics dieses einmaligen Menschen zu studieren, der die Historiker fasziniert wie fast keine andere Persönlichkeit es zu tun vermag. Goethe sagte einst zu Eckermann: «Da war Napoleon ein Kerl! Immer erleuchtet, immer klar und entschieden und zu jeder Stunde mit der hinreichenden Energie begabt, um das, was er als vorteilhaft und notwendig erkannt hatte, sogleich ins Werk zu setzen. Sein Leben war das Schreiten eines Halbgottes von Schlacht zu Schlacht und von Sieg zu Sieg. Von ihm könnte man sehr wohl sagen, dass er sich in dem Zustande einer fortwährenden Erleuchtung befunden; weshalb auch sein Geschick ein so glänzendes war, wie es die Welt vor ihm nicht sah und vielleicht auch nach ihm nicht sehen wird.» (Eckermann 1827, S. 159).

Das 9. Harmonic ist wahrscheinlich gar nicht das auffallendste Harmonic bei Napoleon, doch angesichts seiner erstaunlichen Laufbahn müsste es auf jeden Fall etwas über sein «Erfolgsgeheimnis» verraten, wenn die 3er-Reihe tatsächlich dafür zuständig ist.

Im 9er-Bild hat Napoleons Sonne ein Trigon zu Saturn. Das könnte darauf hinweisen, dass ein natürlicher Hang zur Selbstdisziplin eine entscheidende Rolle bei seinem Erfolg spielte, und daran ist bei Napoleon gar nicht zu zweifeln.

André Maurois schreibt in seiner Biographie des Kaisers, dass sein eigentliches Vergnügen (9. Harmonic) seine Arbeit (SO-3-SA im 9. Harmonic) ist. Ihr widmet er sich bis zu zwanzig Stunden am Tag, ohne jemals Ermüdung zu zeigen Er hatte wohl auch eine erstaunliche Gabe, sich zu informieren, und ein unerhörtes Gedächtnis. Hier spüren wir auch einen Beigeschmack von Merkur, den Napoleon im Radix-Bild in MC-Nähe hat.

Eine gradgenaue Mond-Neptun-Opposition bildet einen zweiten, starken Aspekt in seinem 9er-Horoskop. Könnte es sein, dass eine womöglich zu lebhafte Einbildungskraft (Mond/Neptun) den Erfolg Napoleons doch etwas beeinträchtigte? Seine zweite Schwäche war, laut seiner Biografen, eine allzu lebhafte Phantasie. Es fehlte ihm dabei jeder Sinn für das Maß. Wann immer er Pläne für die ferne Zukunft machte, ließ er sich fortreißen. Da der Mond hier beteiligt ist, konnte er sich gefühlsmäßig täuschen lassen, eine Eigenschaft, die sich bei seiner Begegnung mit dem russischen Zaren Alexander I auswirkte:

Napoleon verließ Tilsit in der Gewissheit, einen Freund gewonnen zu haben. Das war ziemlich absurd, und bald schon sollte er in diesem schönen jungen Mann die Verschlagenheit eines «Griechen des oströmischen Reiches» verdammen.

Ein dritter aufschlussreicher Aspekt im 9. Harmonic ist Mars

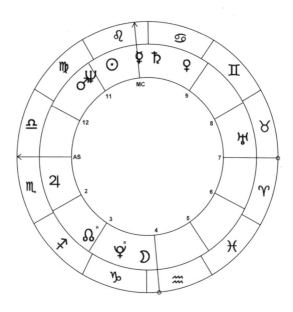

Abb. 45:
Napoleon – Radix-Horoskop
15.8.1769, 11:00 LMT, Ajaccio, Frankreich

Konjunktion Uranus. Hier sehen wir einen Hinweis auf den Erfolg durch blitzschnelles Handeln, wenn die Lage es erforderte. Ein wichtiger Meilenstein in der militärischen Karriere Napoleons war die Unterdrückung des Royalistenaufstands am 13. Vendémiaire (5. Oktober) 1795. Im Auftrag des revolutionären Konvents schlug er die Rebellion der Aufständischen mit seiner Artillerie nieder. Dabei hatte er keine innere Bindung an die Sache der Revolution. Wie Maurois schreibt: «Hätten ihn die Aufständischen an die Spitze gestellt, hätte er die Vertreter (des Konvents) in die Luft jagen lassen. Er hatte einfach die Gelegenheit ergriffen, um sich auszuzeichnen. Von jetzt an ist er als ‹General Vendémiaire› bekannt und berühmt wegen seiner schnellen Entschlüsse»

9. HARMONIC

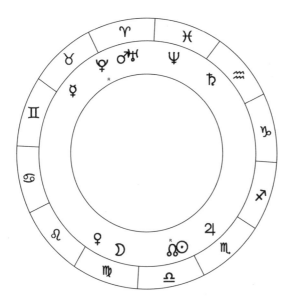

Abb. 46:
Napoleon – 9. Harmonic

Hier finden wir mehrere Entsprechungen zu MA-1-UR im 9. Harmonic: rasche Handlungsfähigkeit (MA-UR) als Schlüssel zum Erfolg (9. Harmonic), durch aggressives Vorgehen auf sich aufmerksam machen wollen, und das Nicht-Zurückschrecken vor Gewalttaten bei der Verfolgung seiner Ziele.

Er hasste die Unordnung angeblich mehr als die Ungerechtigkeit. SO-3-SA im 9. Harmonic deutet auf seine Ordnungsliebe, die zum Code Napoleon, dem späteren Vorbild aller Bürgerlichen Gesetzbücher, führte; mit MA-1-UR zögerte er nicht, bei dem Versuch, dem damaligen Europa seine Vorstellungen von der «perfekten Ordnung» aufzuzwingen, mit brutaler Gewalt vorzugehen.

WIE DEUTET MAN EIN HARMONIC-HOROSKOP?

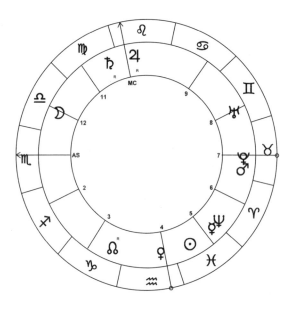

Abb. 47:
Rudolf Steiner – Radix-Horoskop
27.2.1861, 23:15 LMT, Kraljevica, Kroatien

Rudolf Steiner

Das 9. Harmonic des Gründers der Anthroposophie weist ein Stellium mit fünf Planeten auf, ein sehr außergewöhnliches Bild in der Tat. David Hamblin sagt vom 9. Harmonic: *«Es ist sicherlich bemerkenswert, dass religiöse Führer, Visionäre und Menschen mit hellseherischen, heilenden oder anderen Arten von psychischen Kräften, oft sehr markante Konstellationen im 9. Harmonic haben»* (Hamblin 1987, S. 83).

Rudolf Steiner war sicherlich mehr als nur Philosoph und Lehrer. Vieles von dem, was er verkündete, war das direkte Ergebnis einer zweifellos hellsichtigen Veranlagung. Das 9. Harmonic zeigt uns, welche dem Menschen innewohnenden Kräfte besonders

9. HARMONIC

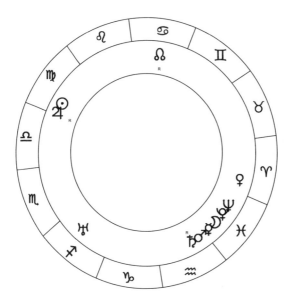

Abb. 48:
Rudolf Steiner – 9. Harmonic

leicht fließen. Gemäß der Zahl 3 (9 = 3 x 3) wird hier angedeutet, was einem Menschen als besonders natürlich erscheint. Das könnten beispielsweise inhärente Begabungen sein, Bereiche also, in denen man nicht um Erringung einer Fähigkeit kämpfen muss, sondern Sachen, die man fast «von Natur aus» kann. Entsprechend der eher passiven, rezeptiven Seite der 3, kann man erwarten, dass Menschen mit einem starken 9. Harmonic unter Umständen besonders in jenen Bereichen empfänglich sind, die von den im 9er-Bild verbundenen Planeten symbolisiert werden. So verstanden gibt Steiners 9. Harmonic ein dramatisches Zeugnis für seine außergewöhnlichen Fähigkeiten ab.

Wie zu erwarten, ist hier der Mond – die psychische Empfänglichkeit – extrem stark aspektiert: MO = 1-ME, 1-MA, 1-NE und

1-PL. Eine Psyche (Mond), der es extrem leicht (9) fiel, Kontakt mit den «jenseitigen Bereichen» (Neptun, Pluto) aufzunehmen, die Ergebnisse in Wort und Schrift zu artikulieren (Merkur), und eben diese Fähigkeit zur höheren Berufung zu machen.

Merkur im 9. Harmonic steht in Konjunktion zu Mars, Neptun und Pluto. Dies weist auf eine beeindruckende geistige Veranlagung hin, einen Intellekt, der gerne mit sezierender Schärfe (Merkur/Mars) ein Thema durchdringen kann. Dass in diesem Falle der erwählte Bereich eher feinsinniger Natur war, wird von Neptun und Pluto angedeutet: Die spirituellen, «mystischen» Ebenen (Neptun/Pluto) werden erforscht, unterstützt von einer überhöhten (Merkur/Neptun/Pluto), doch nicht «überspannten» Sensibilität (da Merkur im Grundhoroskop nicht in Konjunktion, sondern in harmonischem Novil zu Neptun und Pluto steht).

Die fehlende Verbindung im 9. Harmonic zwischen SO-1-JU einerseits, und dem Mond-Stellium anderseits, weist auf einen möglichen Konflikt hin, und zwar zwischen der eigentlichen Lehre (Stellium) und der Person Steiners. Hamblin schreibt über Steiners SO-1-JU im 9. Harmonic: «*Die Sonne-Jupiter-Konjunktion zeigt, dass Steiner sich selbst als spirituellen Lehrer und Führer annehmen konnte, und ich meine, diese Konjunktion hat es Steiner ermöglicht, der Welt Wahrheiten zu offenbaren, die (laut seiner Aussage) den «Eingeweihten» schon lange davor bekannt waren, die aber bis jetzt verheimlicht wurden. Doch die fehlende Integration zwischen SO-JU und des massiven Stelliums um den Mond herum verrät einen Zwiespalt, welcher in der von Steiner begründeten Bewegung immer noch nicht gelöst wurde. Verehren wir den Mann, der uns diese Wahrheiten offenbarte? Oder verehren wir die Wahrheiten selbst, von denen er lediglich ein Botschafter war?*» (ebda., S. 85). Steiner war zweifellos ein besonderer Mensch, doch das wirklich Wesentliche war – und ist – seine Lehre, die nicht nur im besten Sinne des Humanismus die stetige geistige und spirituelle Weiterentwicklung des Menschen propagiert, sondern auch, was genauso wichtig ist, einen praktischen Weg zur Erreichung dieses Zieles aufzeichnet. Dass die Praxis bei der Anthroposophie ebenso ernst genommen wird wie die Theorie, beweist die hervorragende Arbeit der von Steiner gegründeten «Waldorfschulen», wo die Philosophie Steiners zugunsten der Bildung der Jugend eingesetzt wird.

Sigrid

Es ist für einen Astrologen, der sich jeden Tag an die Arbeit der Deutung begibt, wirklich eine Freude, wenn er die Gelegenheit wahrnehmen darf, sich in einen bequemen Sessel zurückzulehnen und einfach zuzuhören, während ein anderer astrologisch Geschulter das zu deutende Geburtsbild interpretiert.

Sigrid ist seit vielen Jahren Astrologin, und da ich sie schon seit langem kenne, weiß ich, dass sie ihre Sache gut macht. Deshalb kam ich auf die Idee, Sigrid ihr eigenes 9. Harmonic deuten zu lassen. Sie hat zwar, wie die meisten deutschen Astrologen, nie mit Harmonic-Charts gearbeitet, aber ich war mir sicher, dass der Einstieg ihr nicht schwer fallen würde. Ich sagte ihr, das 9er-Bild zeige

1. die Kräfte, die in uns «wie von selbst» fließen;
2. Energien, die zum Erfolg führen können, und
3. möglicherweise auch das, woran wir besondere Freude haben.

Sie nahm ihr schon von mir gezeichnetes 9. Harmonic in die Hand und konnte sich in der Tat sofort damit identifizieren.

Das erste, was ihr auffiel, war die Sonne-Mars-Konjunktion. Sie sagte, sie sei immer am glücklichsten, wenn sie tätig ist. Nichts bereite ihr mehr Freude, als aktiv in das Tagesgeschehen einzugreifen und dafür zu sorgen, dass die Sachen gemacht werden. Aber sie kombinierte diese Stellung auch mit dem Saturn, der hier in Opposition zu Sonne und Mars steht: Obwohl sie sehr viel für andere tue, habe sie oft das Gefühl, dass es nicht immer so gut ankommt. Sie fühlt sich daher oft abgewiesen,

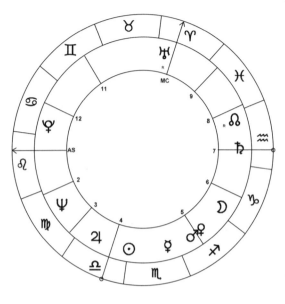

Abb. 49:
Sigrid – Radix-Horoskop
23.10.1933, 23:29, Stuttgart

und dies kann ab und zu ihre Tatkraft entscheidend hemmen. Doch sie wusste auch, SA-2-MA im 9. Harmonic eine positive Deutung zu geben: So habe sie oft regelrecht Freude daran, gegen Widerstände zu kämpfen und mache da weiter, wo andere längst aufgegeben hätten. Als nächstes bezog sie den Uranus in die Deutung ein: Mit weniger stolzer Miene beichtete sie, dass es ihr oft Spaß mache, etwas zu sehr «uranisch» zu sein, wobei sie ab und zu die anderen unnötig in Aufregung versetze. Fast nichts könne ihre Energien so schnell mobilisieren wie eine echte «Krise» (Uranus), aber manchmal habe sie das Bedürfnis, in sonst ruhigen Zeiten solche Krisen «herbeizuzaubern». Weiter ging die Interpretation mit NE: 9-SO und 3-VE. Hier sah Sigrid eine Entsprechung zu ihrer Vorliebe für das Romantische,

9. HARMONIC

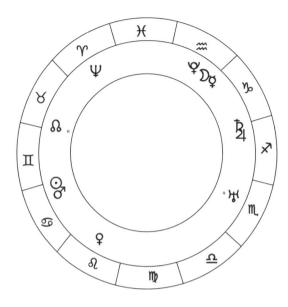

Abb. 50:
Sigrid – 9. Harmonic

beispielsweise in der Malerei oder der Musik. Obwohl keine Pianistin, hat Sigrid eine natürliche Begabung für die Improvisation am Klavier, und ihre musikalischen Ideen sind tatsächlich sehr zart, gefühlvoll und «romantisch» angehaucht. In dieser Neptun-Konstellation erkennt sie auch ihren Hang zum Mystizismus. Obwohl in vielen Angelegenheiten äußerst verstandesbetont, neige sie doch in vielen Bereichen dazu, ein bisschen zu «schwärmerisch» zu sein. Bei der Betrachtung von MO-1-PL im 9. Harmonic hob sie ihre Tendenz hervor, im gefühlsmäßigen Bereich nur intensiven Erlebnissen Bedeutung zuzumessen. Ein Partner, der keinen «Tiefgang» habe, komme für sie gar nicht in Frage, und nicht nur MO-1-PL, sondern auch VE-2-PL im 9er-Bild bestätige dies, wie sie versicherte. MO-1-ME sei für sie «typisch».

Sigrid sieht darin ihre Liebe zur Analyse, ganz besonders in Bezug auf die Psyche. Dieser Aspekt hilft ihr bei der astrologischen Beratung, wo gerade solche analytischen Fähigkeiten vonnöten sind, um die individuelle Veranlagung eines jeden Kunden zu erkennen. Auch die Neigung, die eigenen Gefühle gedanklich zu «sezieren», wird durch diese Konjunktion symbolisiert. JU-1-SA wurde als die Eigenschaft gedeutet, immer das Maß finden zu wollen: Nur bis zu einem gewissen Grad könnte sie sich disziplinieren (Saturn), aber andererseits in ihren Vorhaben auch nur bis zu einem gewissen Punkt «expandieren». Sie ziehe es vor, beide Prinzipien in ihr Leben zu integrieren: Sie versuche, mit Begeisterung (Jupiter) *und* Wirklichkeitssinn (Saturn) ihre Pläne in die Tat umzusetzen.

Sigrid war auf Anhieb in der Lage, ihr 9. Harmonic-Chart zu deuten, und das ermutigt mich durchaus beim Schreiben dieses Buches, denn ich wünsche mir natürlich sehr, dass auch meine Leser ohne Schwierigkeiten die hier dargelegten Methoden in ihre alltägliche Deutungsarbeit integrieren. Danke, Sigrid, für Deine Hilfe und für Deine erfrischende Offenheit!

Praktische Ratschläge

In den bisherigen Kapiteln haben wir uns mit der Aspekttheorie im Allgemeinen, der Deutung einzelner Aspektreihen und der Technik des Harmonic-Horoskops befasst. Danach haben wir anhand von Beispielhoroskopen gesehen, wie man das Gelernte auch in der Praxis anwenden kann. Wie sollte man aber genau vorgehen, wenn man die Harmonic-Charts regelmäßig in die alltägliche astrologische Interpretation integrieren möchte? Da es theoretisch so viele mögliche Harmonic-Charts wie Zahlen gibt, muss man natürlich eine Auswahl treffen.

Es bringt wenig, wenn man für zwei oder drei Radix-Horoskope jeweils 20 oder 30 verschiedene Harmonics stellt. Wie kann man wissen, wie etwa das 13. Harmonic zu deuten ist, wenn man nur drei oder vier davon kennt? Wenn man sich aber eine Weile auf diese Zahl konzentriert und im Laufe der Zeit die 13er-Horoskope für 40 oder 50 Radix-Bilder macht, bekommt man allmählich eine Ahnung davon, wie das 13. Harmonic zu interpretieren ist. Der Wert des Vergleichens kann hier nicht genug betont werden. Damit dem Lernenden der Einstieg in die Welt der Harmonic-Astrologie erleichtert wird, möchte ich hierzu ein paar Vorschläge machen.

1. Bevor man sich überhaupt an die Deutung eines Harmonic-Charts heranwagt, soll man auf jeden Fall die anderen Faktoren des Radix-Horoskops möglichst gut kennen. Dazu gehören vor allem die Planeten in ihren Zeichen und Häusern. Ohne zu wissen, worum es eigentlich im Radix geht, wird man mit einem Harmonic-Chart nicht sehr weit kommen.

2. Eine wichtige Voraussetzung für jede astrologische Aussage ist eine möglichst genaue Kenntnis des menschlichen Niveaus des Betroffenen sowie seiner Lebensumstände. Je mehr man über den Nativen weiß, umso wertvollere Informationen wird man aus seinem Horoskop «herauslesen» können. Meines Erachtens müsste man den Menschen mindestens einmal gesehen und gesprochen haben, um eine wirklich tiefgehende Deutung seines Geburtsbildes machen zu können. Bei historischen Persönlichkeiten ist dies natürlich nicht möglich; hier müssen gute Biographien weiterhelfen. Doch wenn man einen Menschen beraten möchte, darf man nicht riskieren, irgendwelche «falschen Aussagen» zu machen, die ihn vielleicht verwirren oder beunruhigen könnten. Es geht in der Astrologie *nicht* darum, dass der Astrologe mit seinen «Blinddeutungen» einen guten Ruf erwirbt, egal wie erstaunlich diese zuweilen auch ausfallen können. In erster Linie will man dem anderen helfen, sich selbst besser zu erkennen, um dadurch auf der Grundlage dieser neuen Erkenntnisse sein Leben sinnvoller zu gestalten. Wer in der Astrologie nur ein Mittel sieht, sich selbst in der Gesellschaft zu profilieren, wird dieser Aufgabe in der Regel kaum gewachsen sein.

Die Harmonic-Charts geben uns die Gelegenheit, einem Horoskop viele zusätzliche Informationen zu entlocken, aber wir sollten uns dadurch nicht verleiten lassen, den lebenden Menschen zu vernachlässigen. Wer meint, allein mit der Astrologie «alles» über jemanden aussagen zu können, ohne irgendwelche Angaben über die Person des Betroffenen zu haben, ist entweder ein Narr oder ein Hochstapler oder ein Ignorant in Bezug auf die Grenzen seiner Wissenschaft. Vergiss nie, dass das Horoskop, das deinen Namen trägt und worauf du so stolz bist, genauso gut das Geburtsbild eines Hundes oder Salamanders sein könnte! Das Horoskop selbst ist nichts «Edles», sondern höchstens der Mensch, der mit den in dem Horoskop angezeigten Entwicklungsmöglichkeiten ernsthaft arbeiten kann, um sein höchstes Potential zu erreichen.

3. Wenn man sich entschlossen hat, die Astrologie in menschenwürdigem Sinne zu betreiben und die Technik des Harmonic-Charts anwenden möchte, soll man sich Folgendes merken: lieber sich auf wenige Harmonics konzentrieren und diese im Laufe der Zeit gut kennenlernen, als ständig verschiedene Zahlenreihen auf oberflächliche Weise zu «untersuchen». Da konkrete Ergebnisse über die Wesen der 2er-, 3er-, 5er- und 7er-Harmonic-Reihen vorliegen, schlage ich vor, zunächst nur für diese Reihen die entsprechenden Harmonic-Charts zu stellen, wobei man die Horoskope für die Zahlen 4, 5, 7 und 9 stellen würde – im 4er-Horoskop werden alle Aspekte der 2er-Reihe bis zum 32. Harmonic sichtbar sein, im 9er-Horoskop die 3er-Reihe gar bis zum 81. Harmonic. Wenn man danach eine «neue» Reihe untersuchen will, könnte man das 11. Harmonic stellen, um mehr über das Wesen dieser noch rätselhaften Reihe herauszufinden.

4. Man soll nicht vergessen, dass die Harmonic-Charts lediglich dazu dienen, kleine und kleinste Aspekte des Radix zu «vergrößern», damit diese auch bei der Deutung zur Geltung kommen. Doch eine verfeinerte Interpretation kommt erst dann zustande, wenn man die Radix-Positionen der betreffenden Planeten (Zeichen, Haus) und nicht nur ihre «neu entdeckten Aspektverbindungen» berücksichtigt. Und vor allem nicht vergessen: Die Zeichen im Harmonic-Chart sind *nicht* zu deuten, sondern sind nur dazu da, um die Lokalisierung der Planetenpositionen im Harmonic-Chart zu erleichtern!

5. Im Allgemeinen sind die Aspekte mit niedrigen Harmonic-Zahlen stärker als die mit höheren; so ist ein Quadrat (Harmonic 4) stärker als ein Aspekt der 32. Reihe, obwohl beide wohl als «Spannungsaspekte» gelten können. Man sollte nicht den Fehler machen, den «kleinen» Aspekten soviel Aufmerksamkeit zu widmen, dass man dabei Konjunktionen und Oppositionen übersieht. Hier müsste ich allerdings erwähnen, dass «enge» Aspekte oft stärker sind als solche, die zwar eine

niedrigere Harmonic-Zahl haben, aber gleichzeitig einen weiten Orbis. So ist beispielsweise ein Septil mit nur 0°02' Orbis normalerweise als stärker zu bewerten als ein Trigon mit 3°30' Orbis.

Berücksichtigt man diese fünf Punkte bei der Arbeit mit Harmonics, wird die interpretatorische Arbeit nicht nur leichter sein sondern auch wesentlich erfolgreicher. Doch nun zu einer anderen Frage. Ist es möglich, bei jedem Horoskop einen schnellen Überblick über die relativen Stärken der einzelnen Harmonic-Reihen zu bekommen, ohne die langwierigen Berechnungsarbeiten für jedes Harmonic-Chart zu machen? Im Zeitalter des Computers kann man diese Frage glücklicherweise bejahen. Das Omnicycles-Programm, das mit diesem Buch mitgeliefert wird, ermöglicht eine schnelle und genaue Berechnung nicht nur eines Radix-Horoskopes, sondern auch jedes beliebigen Harmonic-Charts.

Neben der Untersuchung der verschiedenen Harmonic-Reihen gibt es auch andere Möglichkeiten zur weiteren Forschung im Bereich der Harmonic-Astrologie. Als zusätzlichen Anstoß möchte ich eins dieser Gebiete zum Schluss kurz erwähnen: «Harmonic-Synastrie», oder anders ausgedrückt, der «Partnervergleich» mit Hilfe der Harmonic-Astrologie.

Harmonic-Synastrie

Auch beim Partnervergleich kann man mit Hilfe der Harmonic-Astrologie neue Deutungsmöglichkeiten erschließen. Hierzu drei praktische Techniken:

1. Man kann einfach die «neuen» Aspekte in die Deutung einbeziehen. So würde man in ein Aspektarium, das die gegenseitigen Aspekte zwischen Horoskop «A» und Horoskop «B» enthält, nicht nur die traditionellen Winkel, sondern auch Quintile, Septile und so weiter hineinschreiben. Wenn man etwas Erfahrung mit diesen Aspekten gesammelt hat, ist es leicht, sie auch beim Horoskopvergleich sinngemäß zu deuten.

2. Ist man etwas fleißiger, kann man für die zwei Personen jeweils die üblichen Harmonic-Horoskope stellen, also: 4, 5, 7 und 9. Dann vergleicht man Bild für Bild und sucht die markanten gegenseitigen Aspekte. Doch vergleiche man nur *die* Charts, die mit derselben Harmonic-Zahl berechnet wurden, z.B. das 7. Harmonic von «A» mit dem 7er-Bild von «B», und nicht etwa ein 7er-Bild mit einem 9er-Bild. (Dies würde nur zu unsinnigen Ergebnissen führen, da jedes Harmonic einen Bereich für sich darstellt und mit keinem anderen verglichen werden kann.) Mit dem Radix vergleicht man nur, indem man sich dessen bewusst ist, dass die Harmonic-Charts lediglich Aspektverbindungen des Radix zeigen, die mit diesem allein nicht oder nur sehr schwer sichtbar wären; aber

bitte, auf keinen Fall sollte man das Harmonic als «selbstständiges Horoskop» betrachten und etwa den Fehler machen, beispielsweise eine «Sonne im Löwen» im 7. Harmonic mit einem «Mond im Löwen» im Radix zu vergleichen. **Zeichen haben *keine* Bedeutung im Harmonic-Chart**!

3. Es ist möglich, Harmonic-Charts für die verschiedenen Arten von «Partnerschaftshoroskopen» zu erstellen. Die drei üblichsten Horoskope, die bei der Partnerschaftsastrologie Verwendung finden, sind:

3. 1. *Das Composit-Horoskop*. Diese vor allem von dem amerikanischen Astrologen Robert Hand befürwortete und seitdem auch in Deutschland sehr populär gewordene Methode besteht darin, dass man ein zusätzliches Horoskop berechnet, das aus den Halbsummen der gleichen Planeten, die in den jeweiligen einzelnen Radixhoroskopen zu finden sind, besteht. Zum Beispiel: wenn Person «A» die Sonne bei 6° Widder hat, und die Sonne von Person «B» bei 20° Löwe steht, wäre die Sonne im Composit-Horoskop dieses Paares bei 13° Zwilling, also direkt zwischen den beiden Radix-Sonnen. Man verfährt auf dieselbe Weise bei den anderen Horoskop-Faktoren, bis das ganze Horoskop berechnet ist.

3. 2. Das sogenannte «Davison-Relationship»-Chart, in Europa allgemein *Combin* genannt. Dieses ist ein Horoskop, das für das Datum und die Uhrzeit gestellt wird, die genau zwischen den Daten und Zeiten der zwei Individuen liegen. Auch von den Ortskoordinaten werden die Mittelwerte gefunden, und für die Berechnung des neuen Bildes verwendet. Die Logik ist klar: Anstatt wie beim Composit die Halbsummen der Planeten zu berechnen, benutzt man die «Halbsumme» der zwei Geburtszeiten; das entstehende Bild stellt dann (im Gegensatz zum Composite), ein echtes «Radix-Horoskop» dar. Man kann dazu auch alle erwünschten Methoden anwenden, die beim normalen Radix üblich

sind: Progressionen, Solare, usw. Die Validität dieser Technik wird jedoch von vielen Astrologen angezweifelt.

3. 3. Das *Horoskop der ersten Begegnung*, d.h. das Radix-Horoskop für die Zeit und den Ort, wo die zwei Personen sich zum ersten Mal kennengelernt haben. Nach meinen Erfahrungen stellt diese Methode die weitaus zuverlässigste dar. Es ist immerhin das «Geburtshoroskop» einer Beziehung. Leider ist es in den meisten Fällen nachträglich nur schwer oder überhaupt nicht mehr möglich festzustellen, wann sich das Paar zum ersten Mal begegnet ist. Dadurch ist die Anwendung der Methode manchmal unmöglich. Doch ein Tipp für Astro-Freaks: Merkt euch die Uhrzeit und das Datum, wenn ihr jemanden kennenlernt (sich an die Stadt zu erinnern dürfte wirklich nicht allzu schwierig sein), und stellt später das Horoskop dazu. Ihr werdet oft staunen, wie genau das Radix die Qualität der Beziehung beschreibt!

Wie schon erwähnt, kann man für jede dieser drei Arten von Partnerschaftshoroskopen auch verschiedene Harmonic-Bilder berechnen. Hier wie beim Radix soll man sich jedoch auf eine Auswahl beschränken (z.B. 4., 5., 7. und 9. Harmonic). Ein Beispiel für die Deutung eines solchen Bildes (basierend auf Methode «C», dem Horoskop der ersten Begegnung) findet man auf Seite 107.

Harmonics in der Prognose

Wie bei Partnerschaftshoroskopen ist es auch bei den verschiedenen Prognosetechniken möglich, die Prinzipien der Harmonic-Astrologie anzuwenden. Drei Verwendungsbereiche werden im folgenden Abschnitt erläutert.

1. *Progressionen.* Die Sekundärprogressionen sind die am meisten verwendeten, doch auch die Primär- bzw. Tertiärprogressionen haben ihre Anhänger. Egal, welche Art man selbst bevorzugt, es ist möglich, die Harmonic-Charts einzusetzen. Man stelle einfach die gewünschten Harmonic-Bilder für das Progressivbild, das man gerade untersuchen will. Man hat dadurch interessante Möglichkeiten, die «Feinheiten» des Progressiv-Horoskopes hervorzuheben. Die sekundär progressive Sonne z.B. bewegt sich im Durchschnitt nur einen Grad pro Jahr. Dieselbe Sonne im 7. Harmonic-Chart des Progressiv-Horoskops bewegt sich aber volle 7 Grad, wodurch noch mehr Aspekte (im 7er-Bild) entstehen, die zur Gesamtdeutung des jeweiligen Jahres Wesentliches beitragen können.

2. *Direktionen.* Hier ist das Prinzip ähnlich wie bei den Progressionen. Bei den oft verwendeten Direktionen rückt man alle Planeten im Horoskop nach einem einheitlichen «Direktionsschlüssel» vor: so und so viele Grade für jedes Jahr des Lebens. Ein Beispiel mit den populären «1°-Direktionen»: Wenn die betreffende Person dreißig Jahre alt ist,

würde man demnach alle Radix-Horoskopfaktoren um 30° vorrücken; sowohl die neuen Haus- und Zeichen-Positionen dieser «dirigierten» Planeten wie auch die Aspekte, die sie zu den als unveränderlich gedachten Radixfaktoren bilden, werden dann gedeutet. Bei jedem Harmonic-Chart geht man ähnlich vor, doch nicht ganz identisch: Im 5. Harmonic z.B. werden die Planeten 5° pro Jahr vorgerückt, im 9er-Bild 9° usw. Danach werden auch diese Aspekte – immer mit dem Radix als «Hintergrund» – gedeutet.

3. *Solarhoroskope*. Diese Technik dürfte dem Leser vertraut sein. Sie besteht darin, dass man vom letzten Übergang der Sonne über ihren eigenen Platz im Radix Datum und Uhrzeit ermittelt. Als Ortskoordinaten benutzt man im Allgemeinen diejenigen vom Aufenthaltsort des Individuums zur Zeit dieses Übergangs. Das dadurch entstandene «Solar-Horoskop» soll Aufschlüsse über Ereignisse und Umstände des laufenden Jahres geben. Wenn man nun das Harmonic-Prinzip beim Solar anwenden möchte, geht man normalerweise etwas anders vor als dies bei den Progressionen und Direktionen der Fall war.

Anstatt die verschiedenen Harmonic-Charts für das Solar selbst zu berechnen (was allerdings auch möglich wäre), teilt man das (Sonnen-)Jahr selbst durch die üblichen Harmonic-Zahlen. Zum Beispiel: Im Jahr 1987 geschah der Übergang der laufenden Sonne über meine Radix-Sonne am 8. November (1987) um 9:08:57 Greenwich-Zeit, Aufenthaltsort Granada, Spanien. Dieses Horoskop «gilt» dann bis zum nächsten Sonnenübergang fast genau ein Jahr später. Innerhalb dieses Sonnenjahres kann ich nun «Unterteilungen» machen, und zwar basierend auf den verschiedenen Aspekten – außer der Konjunktion, die ja erst beim «Gültigkeitsanfang» des nächsten Solars stattfinden wird – die die transitierende Sonne im Laufe des Jahres zu der Sonnenposition im Radix machen wird. Meine Radix-Sonne steht bei 15°25'13" Skorpion. Der erste Quadratpunkt dazu wäre 15°25'13" Wassermann. Stelle ich nun ein Horoskop für Datum und Zeit, wann die laufende Sonne diesen Punkt transitiert, so habe ich mein «4. Harmonic (da Quadrat) im Solar». Dieses Horoskop gilt für ein Viertel des Jahres, und zwar von dem Zeitpunkt dieses Übergangs (über 15°25' Wassermann) bis zu dem Tage, wo dieser Punkt seinerseits von der Transit-Sonne im Quadrat aspektiert wird, also bis zur Zeit, wo die Transit-Sonne 15°25'13" Stier erreicht. Damit fängt ein neues «Jahresviertel» an; das entsprechende Horoskop gilt bis zum letzten Quadrat. Teilt man das Jahr durch zwei, wäre das Horoskop für den Sonnentransit über 15°25'13" Stier für die ganze zweite Hälfte des (persönlichen) Jahres zuständig. Das «normale Solar» selbst würde dann das erste Halbjahr symbolisieren. So können auch andere «Harmonic-Solare» entstehen, die jeweils für einen Bruchteil des Jahres zuständig sind. Diese Technik ist meines Wissens noch sehr wenig erforscht worden. Wer aber gern experimentiert, findet darin vielleicht eine willkommene Anregung.

4. *Harmonic-Transite.* Damit meine ich ganz einfach die Einbeziehung der (hoffentlich nach dieser Lektüre nicht mehr so) unbekannten Aspekte in die Arbeit mit den Transiten. Ohne Computer lassen sich freilich zum Beispiel transitierende Septile nur sehr schwer orten. Doch es gibt eine gute Methode, um solche Aspekte mit relativ wenig Aufwand leicht zu finden:
Mit einem Computerprogramm berechnet man eine Transit-Liste für einen bestimmten Zeitraum. Das Beispiel zeigt die angegebenen Informationen für eine Transit-Liste, die die Aspekte der 1. bis 8. Harmonics angibt. Hierbei werden die Transite des Mondes nicht berücksichtigt, da wegen seiner relativ schnellen Bewegung sehr viele Aspekte gebildet würden, was die Liste extrem verlängern würde. Natürlich kann man, wenn man möchte, auch Mond-Transite zum Radix

David Bolton, Radix-Horoskop: 8. November 1955, 09:48 EST (= 14.48 Uhr GMT) Baltimore, MD, USA: 76.37 westliche Länge, 39.17 nördliche Breite		
Jan. 25, 1988		
Me ... (Tr)(X) Quadrat	Sa ... (Na)	05:53 MET: Me ... 22Aq49 Sa ... 22Sc49
Ju ... (Tr)(X) Trigon	As ... (Na)	07:37 MET: Ju ... 22Ar30 As22Sg30
Su ... (Tr)(X) Quintil	Sa ... (Na)	14:40 MET: Su ... 04Aq49 Sa ... 22Sc49
Ma ... (Tr)(X) Biseptil	Pl ... (Na)	16:44 MET: Ma ... 11Sg21 Pl ... 28Le29
Jan, 26, 1988		
Ur ... (Tr)(X) Trigon	Ju ... (Na)	13:10 MET: Ur ... 29Sg06 Ju ... 29Le06
Ma ... (Tr)(X) Biseptil	Ju ... (Na)	14:35 MET: Ma ... 11Sg57 Ju ... 29Le06
Ve ... (Tr)(X) Trioktil	Ne ... (Na)	22:01 MET: Ve ... 13Pi31 Ne ... 28Li37
Jan. 28, 1988		
Su ... (Tr)(X) Oktil	As ... (Na)	06:46 MET: Su ... 07Aq30 As ... 33SSg30
Ve ... (Tr)(X) Trigon	Su ... (Na)	09:42 MET: Ve ... 15Pi25 Su ... 15Sc25
Ve ... (Tr)(X) Trioktil	Me ... (Na)	11:31 MET: Ve ... 15Pi31 Me ... 0Sc31
Sa ... (Tr)(X) Trigon	Pl ... (Na}	15:09 MET: Sa ... 28Sg29 Pl ... 28Le29
Ma ... (Tr)(X) Sextil	MC ... (Na)	20:39 MET: Ma ... 13Sg28 MC ... 13Li28
Ve ... (Tr)(X) Biseptil	Ve ... (Na)	21:43 MET: Ve ... 16Pi01 Ve ... 3Sg10

berechnen, entweder allein oder chronologisch in eine Transit-Liste samt anderen Transiten eingeordnet. Schauen wir die obige Liste an.

Beim 26. Januar 1988 finden wir folgende Informationen: Uranus (Ur) im Transit (Tr) bildet ein exaktes (X) Trigon zu Jupiter (Ju) im Radix (Na) um 13:10 mitteleuropäischer Zeit. Die jeweiligen Positionen von Transit-Uranus und Radix-Jupiter sind: Ur (Tr) 29°06' Schütze, Ju (Radix, «Na») 29°06' Löwe. Um 14:35 steht Transit-Mars im Biseptil (7. Harmonic) zum Radix-Jupiter; um 22:01 ist die Venus im Trioktil (8. Harmonic, 135°)

zu Radix-Neptun. Mit solchen Transit-Listen bekommt man einen schnellen Überblick über die Transite, die man in einem gewissen Zeitraum zu erwarten hat. Mit einigen Computerprogrammen (z.B. «Solarfire») können unterschiedliche Formate der Transit-Listen, z.B. für einen kleineren Zeitraum, die die Aspekte aller transitierenden Planeten zu den Radixpositionen enthalten, oder andere, worin nur die laufenden Aspekte der «äußeren» Planeten vorkommen (Mars bis Pluto), berechnet werden. Solche Transit-Listen erleichtern die Prognosearbeiten erheblich, doch es gibt auch eine andere Methode, wie man mit Leichtigkeit die Transite der laufenden Planeten zu einem bestimmten Radix findet.

Das Aspektbogen-Harmonic

Diese Methode ist wohl in Deutschland fast gänzlich unbekannt, und auch ich habe nur wenige Erfahrungen damit gesammelt. Nichtsdestoweniger stellt sie unter Umständen eine interessante Technik dar, um die «Qualität» einzelner Aspektdistanzen zu unterscheiden. «Aspektbogen-Harmonics» werden immer in Bezug auf die exakte Distanz zwischen zwei Planeten bzw. für die Harmonic-Zahl dieser Distanz errechnet. Beispiel: Mein Mars steht 16°48' Waage, meine Venus 3°10' Schütze. Die Distanz zwischen den beiden (immer den kürzeren Bogen berechnen) beträgt 46°22', in Dezimalen 46,366666. Um die Harmonic-Zahl dieser Entfernung zu finden, teilen wir 360 (Grade im Kreis) durch diese Zahl: 360 / 46.366666 = 7.7641. Venus und Mars stehen zwar im Halbquadrat (8. Harmonic) in meinem Radix, doch da der Aspekt nicht ganz exakt ist (1°22' Orbis), ist die Harmonic-Zahl des Aspektes nicht genau 8, sondern nur «ungefähr» 8, also in diesem Fall 7.7641. Jetzt wird (nach der im Kapitel *Harmonic-Horoskope* beschriebenen Methode) eben ein Harmonic-Chart für die Zahl 7.7641 berechnet. In diesem Horoskop (falls man richtig berechnet hat) stehen die betreffenden Planeten, Venus und Mars, in minutengenauer Konjunktion. Es ist also das «persönliche Venus-Mars» Horoskop. Nach Zeichnung des Bildes deutet man natürlich nicht Zeichen oder Häuser, sondern lediglich die Aspekte, vor allem die zu der jetzt vorhandenen Venus-Mars-Konjunktion. Das Horoskop soll zeigen, wie die Beziehung aller Horoskopfaktoren zu dem genauen

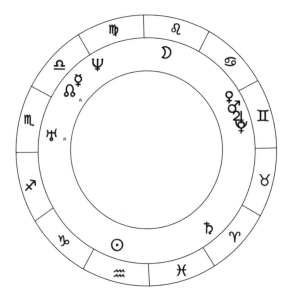

Abb. 51:
Venus-Mars «Aspektbogen-Harmonic» für David Bolton

VE-1-MA-Aspekt ausfällt. Oder praktischer ausgedrückt: Man untersucht anhand des Bildes die Sexualität (Venus/Mars) des Betroffenen. Theoretisch kann für jedes Planetenpaar ein «Aspektbogen-Harmonic» erstellt werden. Ich beschränke mich in der Regel auf Venus/Mars und Sonne/Mond, habe aber meine diesbezüglichen Forschungen erst angefangen.

Als Letztes möchte ich noch eine mögliche Anwendung des Harmonic-Prinzips erwähnen, das meines Wissens auch unter den angloamerikanischen Astrologen kaum bekannt ist. Als ich vor über zwanzig Jahren mit der Erforschung der Harmonics anfing, habe ich diese Methode entwickelt und manchmal recht verblüffende Ergebnisse erzielt. Leider habe ich seitdem wenig Zeit gehabt, um mich näher damit zu befassen. Dies ist eigent-

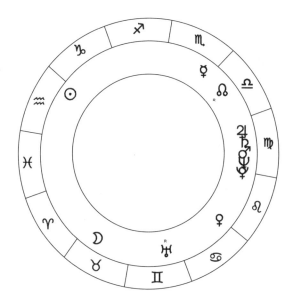

Abb. 52:
Zeitbogen-Harmonic für David Bolton für den 13. Dezember 1985
(Zeitbogen 30,09589 Jahre)!

lich eine Methode der Prognose, obwohl ich sie hauptsächlich an vergangenen (und deshalb mir bekannten) Ereignissen ausprobiert habe, um den Wert der Technik überhaupt testen zu können. Ich nenne sie *Zeitbogen-Harmonic*.

Ein Beispiel: Man will ein Harmonic für ein gewisses Datum im Leben stellen, an dem etwas Besonderes passiert ist. Zunächst muss man herausfinden, wie alt genau (dezimal berechnet) man zu dieser Zeit war. Zum Beispiel bin ich am 13. Dezember 1985 beim Verlassen des Hauses auf dem Glatteis ausgerutscht und fiel flach auf den Rücken. Glücklicherweise war nichts gebrochen, ich hatte aber mehrere Wochen lang Rückenschmerzen. Um ein Harmonic-Chart für diesen Tag zu stellen, muss ich mein genaues Alter zu der Zeit berechnen. Am 13. Dezember

1985 war ich 30 Jahre alt. Der 13. Dezember ist 35 Tage nach meinem Geburtstag. 35/365 (die Anzahl der Tage im Jahr) ergibt 0.0958904. Ich war also an dem Tag genau 30.09589 Jahre alt. Ich berechne nun mein Harmonic, indem ich diese Zahl als Multiplikator benutze. Die Planetenpositionen des Harmonic-Horoskops sind folgende:

Sonne	04°14' Wassermann	Saturn	17°03' Jungfrau
Mond	08°59' Stier	Uranus	21°29' Zwillinge
Merkur	05°29' Skorpion	Neptun	08°55' Jungfrau
Venus	28°12' Krebs	Pluto	29°10' Löwe
Mars	12°40' Jungfrau	Knoten	20°06' Waage
Jupiter	17°25' Jungfrau		

Mars war im Harmonic-Bild für den Tag genau zwischen Neptun und Saturn. Da ich zu der Zeit verabredet war und das Haus ziemlich hastig (Mars) verließ, bin ich auf dem Eis ausgerutscht (Neptun) und wurde in meinem Vorhaben gebremst durch den Sturz (Saturn). Mars war aber auch in Konjunktion zu Jupiter; vielleicht waren deshalb die Folgen nicht so schlimm.

Obwohl bei diesem Beispiel das Harmonic-Chart durchaus interessante Ergebnisse liefert, gilt die Methode für mich nicht schon als bewiesen. Erst wenn noch viel mehr solcher «Treffer» vorkommen, wissen wir, ob die Technik zuverlässig ist. Einige Astrologen halten es für unwahrscheinlich, dass an dieser Art von Zeitbogen-Harmonic «etwas dran» sein könnte und weisen auf die Situation beim neugeborenen Kind hin: Ein Baby, das gerade ein Tag alt ist, ist, dezimal berechnet, 0.0027 Jahre alt. Wenn wir aber ein Harmonic für diese Zahl stellen, sind alle Planeten zwischen 0° und 1° Widder gruppiert; dies ist bei jedem Kind in diesem Alter der Fall, die Planetenpositionen werden sich von Kind zu Kind – egal, wann sie geboren sind – am Tag nach der Geburt nur um Minuten unterscheiden. Doch es ist unsinnig zu meinen, behaupten die kritischen Stimmen, dass alle Kinder am Tag nach der Geburt «gleich» sind. Aber was wäre, wenn diese Methode sich tatsächlich bei der Überprüfung verschiedener Lebensereignisse bewährt? Dann müsste man sie ernst nehmen. Und ist es nicht so, dass Babies sich in der Tat in einem wesentlichen Punkt kaum unterscheiden, insofern, als sie zu Beginn ihres Lebens völlig von der Umwelt abhängig sind?

Obwohl diese Methode, wenn man sie für die ersten Tage nach der Geburt verschiedener Menschen anwendet, kaum deutbare Ergebnisse liefern kann, müssen wir allerdings bedenken, dass sich schon nach einem Monat die Planetenpositionen sehr wohl unterscheiden können. Zum Beispiel, jemand mit einem Geburtssonnenstand von 15° Skorpion hätte die Sonne auf 18° Widder in seinem „Zeitbogenhoroskop". Ein anderer, mit einer Radixsonne von 12° Löwe, hätte die Sonne erst einen Monat nach der Geburt bei 10°30' Widder.

Ich gestehe gern, dass ich von dieser Methode nicht voll überzeugt bin, da etwaige Treffer sehr wohl dem Zufall zugeschrieben werden könnten. Trotzdem möchte ich es nicht versäumen, zusätzliche Überlegungen – wenn auch eher kritischer Art – zu diesem Thema mitzuteilen, und zwar im Interesse derjenigen, die vielleicht dadurch zu eigenen Forschungen angeregt werden könnten.

Wenn es tatsächlich so ist, dass eine sinnvolle Verbindung zwischen einem Zeitbogenhoroskop und den Ereignissen in dem entsprechenden Lebensalter besteht, dann liegt der Gedanke nahe, dass die ersten Geburtstage des Lebens womöglich die allerwichtigsten sind, da ihre Harmonic-Horoskope – 1, 2, 3, 4, usw. – den wichtigsten Harmonic-Zahlen entsprechen. Das Horoskop des 6. Harmonics entspricht beispielsweise dem sechsten Geburtstag. Gut, es ist oft so, dass die Geburtstage, die wir als Kinder feiern, diejenigen sind, die uns am meisten bedeuten. Wenn man aber in Betracht zieht, dass alle Oppositionen und Quadrate, die im Radix stehen, sich im 4. Harmonic als Konjunktion abbilden werden, müsste man daraus schließen, dass dieser

Geburtstag für fast alle Menschen besonders problematisch sein müsste. Viel mehr als etwa der dritte Geburtstag, bei dem alle Planeten, die im Geburtsbild im Trigon stehen, sich in Konjunktionen sich befinden werden. Es ist mir aber nicht bekannt, dass z.B. die vierten und achten Geburtstage (hier stünden alle sich im Radix befindlichen Oppositionen, Quadrate, und auch Halbbzw. Anderthalbquadrate in Konjuntionen) besonders schwierig oder spannungsreich sind. Und müsste dann nicht der 27. Geburtstag (3 x 3 x 3) für fast alle Menschen nicht wundervoll sein? Auch hier ist mir ein solches Phänomen nicht bekannt. Deshalb vermute ich, dass es sich bei den Aspektbogen-Horoskope vielleicht um eine der vielen „Zahlenspielereien" handelt, die uns Astrologen gern in die Irre führen, indem sie uns anregen, Techniken zu entwickeln, die letztendlich doch zu keinen zuverlässigen Deutungen führen.

Möge sich aber der forschungslustige Leser nicht von diesen Spekulationen entmutigen lassen: Er sollte einfach weiterforschen, denn nur durch ausgedehnte Versuche können wir den wahren Wert astrologischer Methoden endgültig feststellen.

Das Studium dieser Technik könnte wirklich weitreichende Folgen nicht nur für die Harmonic-Theorie, sondern auch für die Philosophie haben, falls der Beweis erbracht würde, dass diese spezielle Art von Harmonic-Horoskop doch zuverlässig ist. Denn damit hätte man einen ersten Beweis für eine esoterische Idee, die mindestens so alt ist wie die philosophischen Lehren des schon 496 v. Chr. verstorbene Pythagoras, nämlich, dass die Zahlen nicht bloße abstrakte Begriffe sind, die lediglich im astrologischen, aspekttheoretischen Bereich «etwas zu sagen» haben, sondern dass das ganze Leben, ja vielleicht die gesamte Schöpfung, vom Wesen der Zahlen durchdrungen und «belebt» wird. Wahrlich, ein vielversprechender Tätigkeitsbereich für jeden Forscher, der vom Drang beseelt ist, nach «letzten Wahrheiten» zu suchen!

Über den Autor

David Bolton (1955), geboren in Baltimore, Maryland. Er lebte viele Jahre in Deutschland und befasst sich seit über 30 Jahren mit Astrologie. Hauptberuflich ist er als Konzertmusiker (Cembalo) und Sprachlehrer tätig. Er unterrrichtet seit vielen Jahren Astrologie und ist Entwickler und Befürwörter eines Astrologieverständnisses, das nie die Ur-Zusammenhänge zwischen den astronomischen Wirklichkeiten und den astrologischen Sinnbildern aus dem Auge verliert. Gemeinsam mit Juan Manuel M. Puertas entwickelte er die Software Omnicycles. E-Mail: dbolton99b@yahoo.es

Bibliographie

Addey, John: Harmonics in Astrology. Green Bay, Wisconsin 1976.

Addey, John: «Harmonics, Genetics and Disease», in: Astrology Now, Vol. 1, No. 7 (Oct. 1975).

Angermayer, Erwin, u.a.: Große Frauen der Weltgeschichte. Klagenfurt 1987.

Davison, Ronald: Synastry, Understading Human Relations through Astrology. New York 1977.

Durant, Will: Kulturgeschichte der Menschheit, Band 11, Europa im Dreißigjährigen Krieg. München 1982.

Durant, Will: Kulturgeschichte der Menschheit, Band 14, Das Zeitalter Voltaires. München 1982.

Eckermann, Johann Peter: Gespräche mit Goethe in den letzten Jahren seines Lebens. Leipzig 1827.

Engasser, Dr. Ernst, u.a.: Große Männer der Weltgeschichte. Wiesbaden 1977.

Eppelsheimer, Hanns W.: Handbuch der Weltliteratur von den Anfängen bis zur Gegenwart. Frankfurt a. M., 1960.

Epstein, Alan: Understanding Aspects – The Inconjunct. Reno NV 1996.

Fetzer, Günther: Die Klassiker der deutschen Literatur. Düsseldorf 1983.

Greither, Aloys: Mozart. Reinbek bei Hamburg 1962.

Hamblin, David: Harmonic Charts: A New Dimension in Astrology. Wellingborough 1983.

Hand, Robert: Das Buch der Horoskopsymbole. München 1990.
Hermanowski, Georg: Nikolaus Kopernikus. Bergisch Gladbach 1976.
Jay, Delphine: Practical Harmonics. Tempe, AZ, 1983.
Jay, Delphine: «Teaching Harmonic Charting», in: Astroloy Now, Vol. 1, Nr. 11, (March 1976), S. 7.
Maurois, André: Napoleon in Selbstzeugnissen und Bilddokumenten. Reinbek bei Hamburg 1968.
Meyer, Michael R.: A Handbook for the Humanistic Astrologer. Garden City NY 1974.
Rudhyar, Dane: Person-Centered Astrology. Santa Fe 1987.
Rudhyar, Dane: Astrologie der Persönlichkeit. Tübingen 2001.
Rudhyar, Dane und Leyla: Astrologische Aspekte – Der Schlüssel zur Deutung planetarischer Beziehungen. Tübingen 2007.
Siems, Marion: Reclams Schauspielführer. Ditzingen 2004.
Thompson, Doris: «The Septile – Aspect of Fate», AFA Bulletin, 1975, Vol. 37, Nr. 1, S. 17.
Tierney, Bil: Dynamik der Aspektanalyse. Tübingen 2005.
Walter, Hans-Jörg: Entschlüsselte Aspektfiguren. Freiburg 1981.

Standardwerke der Astrologie

BIL TIERNEY

Dynamik der Aspektanalyse

360 Seiten, Hardcover

ISBN 978-3-89997-137-8

Die richtige Analyse der Aspekte ist für die Deutung eines Horoskops von entscheidender Bedeutung. Jede Planetenverbindung besitzt ihre einzigartigen Charakteristika. Die Aspekte sind die dynamischen Ausdrucksformen der fundamentalen Lebensprinzipien. Der Autor fasst die Qualitäten und Bedeutungen

- der Aspekte (von Konjunktion bis Novil),
- der unaspektierten, rückläufigen oder stationären Planeten
- der Aspektfiguren (Großes Trigon, T-Quadrat, Mystisches Rechteck usw.)
- der Quadranten

zu einem ausführlichen Nachschlagewerk zusammen. So bekommen Sie auf leicht fassbare Weise Einblick in die hinter den Aspekten liegenden Gesetzmäßigkeiten und können sich Horoskope schneller erschließen. Abgerundet wird das Buch durch Horoskopbeispiele.

»*Hier wird nicht schwarz-weiß gemalt, sondern in einer aufgeklärten, unserem heutigen Bewusstsein entsprechenden Art und Weise zu einem kritisch-kreativen Umgang mit den Aspekten aufgefordert. Dieses Buch steht in einer Reihe mit dem Besten, was bisher beispielsweise von Oskar Adler und Dane Rudhyar an differenzierten Betrachtungen zu den Aspekten vorgelegt wurde.*«

Astrologie Heute Nr. 121

Standardwerke der Astrologie

DANE UND LEYLA RUDHYAR

Astrologische Aspekte

Der Schlüssel zur Deutung planetarischer Beziehungen

301 Seiten, Hardcover

ISBN 978-3-89997-154-5

Die astrologischen Aspekte kann man nur dann richtig verstehen, wenn man sie als eine bestimmte Phase in einem zyklischen Prozess betrachtet, welcher zwischen zwei aufeinanderfolgenden Konjunktionen der betreffenden Planeten abläuft. Die Bedeutung hängt natürlich von den sich beeinflussenden Planeten ab. Die Grundmuster der Winkelbeziehung haben jedoch einen archetypischen Charakter. Diese zyklische Betrachtung der Aspekte vermittelt Ihnen ein wesentlich tieferes Verständnis aller Lebensprozesse. Sie erkennen, dass viele »rein zufällig« eintretenden Lebensereignisse in Wirklichkeit die äußeren Symptome einer zyklischen Abfolge von Phasen innerhalb eines Prozesses sind, die einen konkreten Anfang, einen Höhepunkt und einen Abschluss haben. So ist dieses Buch einerseits eine detaillierte Darstellung der astrologischen Aspekte und zugleich eine Interpretation des Lebens.

»Astrologische Aspekte ist ein Buch, das man allen Astrologen, die nicht nur an einem schnellen Zugriff auf planetarische Daten, sondern an einem tieferen Verständnis der Lebendigkeit und des Entwicklungspotenzials der Aspekte interessiert sind, nur empfehlen kann.«
Meridian 1-2008

Standardwerke der Astrologie

ERIN SULLIVAN

Astrologie der zweiten Lebenshälfte

Die Chance, bei sich selbst anzukommen

321 Seiten, Hardcover, 14 Abbildungen

ISBN 978-3-89998-155-2

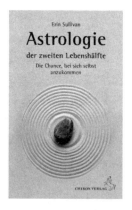

Ein Leben ist dann ein erfülltes, wenn das Ende etwas mit dem Anfang zu tun hat. In der Mitte des Lebens begegnen wir tiefgreifenden Veränderungen in unserer Psyche. Man spricht auch davon, dass wir in dieser Zeit zu unserem bislang nicht gelebten Leben wechseln. In diesem Buch analysiert die Autorin tiefschürfend die Herausforderungen, die uns in der Lebensmitte begegnen. Allerdings sieht sie darin nicht in erster Linie den beginnenden körperlichen Niedergang. Vielmehr erleben wir in diesem Lebensabschnitt die Metamorphose zur vollen Reife. In diesem Buch erfahren Sie, welche Planetenzyklen zu welchem Zeitpunkt in der zweiten Lebenshälfte eine bestimmende Rolle einnehmen. Vor allem aber zeigt die Autorin Ihnen, wie Sie Ihr Leben gerade nach dem Übergang noch bewusster gestalten können, um ganz bei sich selbst anzukommen.

»*Das Buch dient nicht nur der eigenen Biografiearbeit oder Zukunftsplanung. Es ist auch für die Beratung und das Verständnis für die Situationen älterer Klienten sehr wertvoll. Kein Buch, das man einmal liest und weglegt. Vielmehr ist es ein ausführliches Nachschlagewerk, das man immer wieder in die Hand nehmen kann, das den Leser in den unterschiedlichen Lebensphasen begleitet und bei der Lebensbewältigung unterstützt.*«

Astrologie Heute Nr. 135

Standardwerke der Astrologie

JOHAN HJELMBORG UND
LOUISE KIRSEBOM

Das Konsultationshoroskop

*Mit der Stundenastrologie
Strategien entwickeln*

222 Seiten, Hardcover, 80 Abbildungen

ISBN 9768-3-89997-139-2

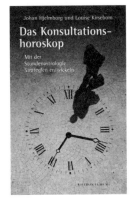

Ähnlich wie bei der Stundenastrologie wird ein Horoskop für eine Frage oder für eine Situation gestellt. Der Unterschied liegt aber in der Betrachtungsweise und in der Handhabung. Beim Konsultationshoroskop werden nicht konkrete Ereignisse vorhergesagt, sondern es wird entweder eine Erläuterung der augenblicklichen Situation oder eine Strategie für die Problemstellung gesucht. Oft ist die formulierte Frage jedoch nicht unmittelbar einleuchtend oder der Klient stellt Scheinfragen. Dann muss der Berater die Angelegenheit mit Gegenfragen und Kontrollfragen klären. Das Konsultationshoroskop hilft Ihnen, diese Gegenfragen zu formulieren, indem es seinen Zeigefinger auf bestimmte Bereiche richtet, damit Sie optimalen Ratschlag geben können.

Sollte Sie nach der Lektüre dieses Buches die Auseinandersetzung mit dem Konsultationshoroskop reizen, so haben Sie eine Fülle von Möglichkeiten, um täglich mit dieser Technik zu arbeiten. Die beiden Autoren warnen sogar vor einer möglichen «Spielsucht», die Sie erfassen könnte, wenn Sie einmal die faszinierenden Möglichkeiten des Konsultationshoroskops in der Praxis ausprobiert haben.
Astrologie Heute 125/2007

CHIRON VERLAG

Standardwerke der Astrologie

ROBERT HAND

Traditionelle Astrologie

*Ganzzeichenhäuser –
Tag- und Nachthoroskope*

184 Seiten, Hardcover, 10 Abbildungen

ISBN 978-3-89997-157-6

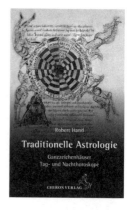

Für einen Astrologen der Spätantike war die wichtigste Frage bei der Interpretation eines Horoskops: Wurde der Horoskopeigner bei Tag oder bei Nacht geboren? Dieser Frage geht Robert Hand nach und zeigt anhand seines ausführlichen Quellenstudiums, welche Deutungsvielfalt in diesem Ansatz liegt. Im zweiten Teil befasst er sich mit dem ältesten Häusersystem, den Ganzzeichenhäusern. Auch hier zeigt er anhand von sonst nur schwer zugänglichen Quellen, wie sich die astrologischen Häuser entwickelt haben.
Beide Methoden werden mit Horoskopbeispielen untermauert, so dass Sie unmittelbar den praktischen Nutzen für Ihre eigenen Deutungen erkennen können. Durch die gelungene Synthese aus Klassik und Moderne hat Robert Hand ein wegweisendes Buch für die Astrologie der Zukunft geschrieben.

»So wird dieses kleine Buch eine Fundgrube für Deutungsansätze, die für viele moderne Astrologen so neu wie aufschlussreich sein dürften. Es regt an zum eigenen Forschen und Experimentieren, handelt es sich ja um Konzepte und Techniken, die unmittelbar und ohne weitere Berechnungen aus dem Horoskop erkennbar sind.« Meridian

CHIRON VERLAG

Standardwerke der Astrologie

BERNADETTE BRADY

Astrologie zwischen Chaos und Kosmos

Schicksal, freier Wille und die Ordnung des Lebens neu gesehen

212 Seiten, Hardcover, 12 Abbildungen

ISBN 978-3-89997-163-7

In diesem bahnbrechenden Buch setzt sich Bernadette Brady intensiv mit der Kritik an der Astrologie auseinander. Sie geht dabei von der Chaostheorie aus, der zufolge schon kleinste Veränderungen zum richtigen Zeitpunkt zu ganz neuen Strukturen führen können. Diesen Ansatz verbindet sie mit den astrologischen Prognosetechniken und zeigt Ihnen, wie Sie Veränderungen annehmen können – ja, wie Sie diese geradezu selbst herbeiführen können.

»*Möglicherweise stehen wir jetzt an einem Wendepunkt: Mit der Chaos-Theorie können wir diesen Paradigmenwechsel nun kritisch hinterfragen – sei es innerhalb der Astrologie und ihrer Geschichte, sei es außerhalb der Astrologie in der allgemeinen Betrachtung dessen, wie Natur und Seele ›wirken‹. Ich glaube, dass dieses Buch ein Meilenstein ist.«* Meridian 5-2008

Standardwerke der Astrologie

RENZO BALDINI

Die Arabischen Punkte

Ihre Anwendung in der modernen Astrologie

253 Seiten, Hardcover, 43 Abbildungen

ISBN 978-3-89997-162-0

Das Deutungssystem der arabischen Punkte, auch Lospunkte oder Himmelslose genannt, beruht auf einer einfachen Rechnung, mit deren Hilfe man gewissermaßen im Inneren des Horoskops sensitive Punkte ermitteln kann. Entstanden ist diese Methode vor allem, um auf eindeutige Fragen zu antworten. Der Autor behandelt nicht nur den allgemein bekannten Glückspunkt, sondern stellt zudem ausführlich 80 weitere Arabische Punkte für Familie, Haus, Beruf, Gesundheit, Reise und Beziehungen vor. Sie erfahren, wie und warum man die arabischen Punkte verwendet und bekommen jeweils Hinweise zu einer psychologischen Deutung. So gelangen Sie schnell zu einer ausgefeilteren Analyse Ihres Horoskops.

»*Die Vorzüge dieses Buches liegen in der seriösen Darstellung der Berechnung der Arabischen Punkte, ihrer astrologischen Herkunft und der Beschreibung ihrer – behutsamen – Anwendung. Die unterschiedlichen Berechnungen zwischen einer Tag- und einer Nachtgeburt werden ebenso ausführlich diskutiert wie eine gewisse Aussagenähe der Lospunkte zu den heute gebräuchlicheren Halbsummenpunkten und den Methoden der Stundenastrologie. (...) Es bleibt das besondere Verdienst des Autors, die heutigen Leser wieder mit einer über viele Jahrhunderte hindurch geübten astrologischen Technik vertraut zu machen.*« *Astrologie Heute Nr. 133*

Standardwerke der Astrologie

EVA STANGENBERG

Neumond-Horoskope

Wie Sie Ihre Lebensaufgabe durch
Astrologie besser verstehen

208 Seiten, Hardcover, 63 Abbildungen

ISBN 978-3-89997-164-4

Die Beschäftigung mit den Neumond-Horoskopen bringt Ihnen viele neue, zusätzliche Erkenntnisse und ermöglicht ein tieferes Verständnis für die Lebensthemen. Der Neumond vor der Geburt beschreibt die spirituelle Idee unseres Daseins. Seine Deutung kann helfen, die eigene Lebensaufgabe zu begreifen und bewusst zu gestalten. Der erste Neumond nach der Geburt prägt eine Aufgabe oder eine Rolle, die der Mensch in seinem näheren Umfeld erfüllt oder die von ihm erwartet wird. Jeder Neumond hat ein eigenes spezifisches Thema und einen eigenen Rhythmus. Dadurch bekommen Sie wertvolle zusätzliche Informationen sowohl für die Radixdeutung als auch für die Erstellung des Jahrestrends mit seinen speziellen Auslösungen. Sie können somit ihre individuelle Zeitqualität auf einer ganz anderen, umfassenderen Ebene verstehen. Vor allem aber finden Sie hier häufig die Hintergründe oder den Schlüssel zum Verständnis für bestimmte Lebensaufgaben oder Lebensphasen.

»Man bekommt wertvolle Informationen sowohl für die vertiefende Radixdeutung und bestimmte Lebensthemen als auch für die Zeitqualität und die verschiedenen Lebensphasen. Fazit: Ein sehr empfehlenswertes und lehrreiches Buch für die astrologische Praxis!«
sternZeit 36

Standardwerke der Astrologie

KLAUS W. BONERT

Sonnenbogen-Direktionen im Lebenslauf

Astrologische Prognose einfach und effektiv

196 Seiten, Hardcover, 36 Abbildungen und zahlreiche Tabellen

ISBN 978-3-89997-147-7

Die Astrologie kennt verschiedene Methoden zur Prognose. In diesem Lehrbuch lernen Sie die Sonnenbogen-Direktionen kennen. Man beobachtet, welchen Weg die Sonne in einem bestimmten Zeitraum zurücklegt und verwendet diesen Schlüssel, um das Geburtsbild zu dirigieren. Das gesamte Horoskop bewegt sich dadurch symbolisch voran, wie auf einer zweiten Scheibe gegenüber den Geburtspositionen, und zwar mit der Geschwindigkeit der Sonne. Diese Sonnenbogen-Direktionen zeigen Ihnen die Zeiten, in denen Planeten aus der Menge herausragen und quasi ein Solo singen. An diesen Auslösungen können Sie ablesen, wann es zu den großen Wendepunkten im Leben kommen wird.

»*Ein praxisnahes, gut gelungenes Werk, in dem alle wichtigen Faktoren für die prognostische Arbeit eines Astrologen berücksichtigt werden.*« SternZeit 33